"Escribe algo que valga la pena leer o haz algo sobre lo que valga la pena escribir".
—Benjamín Franklin

Lo que otros escritores dicen acerca de
La historia dentro de ti y de Xavier Cornejo

"Veo a mi amigo, Xavier, como un hábil obstetra; él ayuda a traer al mundo lo que está atrapado en ti. Proverbios 20:5 lo expresa de esta manera: 'Los pensamientos de una persona son como el agua en un pozo profundo, pero alguien con visión los puede extraer' (GNT, traducción libre).
¡*La historia dentro de ti* te servirá como Master Coach!"

Dr. Dale C. Bronner
Autor, *Principios y poder de la sabiduría* y
Cambie su trayectoria

"Will Smith, el actor y rapero estadounidense, dijo en una ocasión: 'Ser realista es el atajo que suelen tomar todos los mediocres'. Coincide con esa reflexión Xavier Cornejo al advertir, en este libro, que todos nacemos con un maravilloso espíritu aventurero que va muriendo a medida que crecemos y nos vestimos de ese prudente, pero anquilosante traje de realismo.

"Tengo el privilegio de que el autor de *La historia dentro de ti* es uno de mis editores. Por eso puedo decir, con conocimiento de causa, que Xavier Cornejo es un motivador nato. Sus palabras son disparos al corazón, que lo llenan de vida. Su capacidad para inyectar entusiasmo es algo admirable y poco frecuente. No tengo la menor duda de que cuantos se sumerjan en estas páginas, saldrán de ellas habiendo crecido mucho y con una hoja de ruta que les guiará hacia un destino apasionante y transformador."

José Luis Navajo
Autor, *El contador de historias*

"Tú nunca escucharás las mejores historias acerca de ti. Serán compartidas en tu funeral y en las reuniones posteriores de familiares y amigos. Las mejores historias de tu vida se contarán cuando estés ausente, fallecido. Mi amigo Xavier Cornejo está determinado a cambiar eso. Su libro *La historia dentro de ti* te desafiará a vivir tu vida de manera intencional e impactante, para que en todas tus esferas de influencia conozcan la historia dentro de ti."

Samuel Chand
Consultor de Liderazgo
Autor de *Piensa diferente, Vive diferente; Inspira;*
Liderazgo Práctico

"Xavier es un genio de la literatura. Un experto en oír y contar historias. Muchas de las cosas que hicieron 'despegar' mi carrera como escritor fueron frutos de charlas con Xavier. Él es como un 'cable conector' que hace que todos los que pasan por su camino se conecten a él, a su red de contactos y claro, a sus historias. Créanme; esa es una característica única en estos días. Este libro es un reflejo de la propia vida de un gran maestro de las historias. Aprendo y seguiré aprendiendo con este amigo y consejero. Les dejo con Xavier Cornejo."

Tiago Brunet
Fundador de Casa de Destino
Autor de éxitos de ventas

"Todos tenemos una historia por escribir, una aventura por vivir y un sueño por conquistar, y cuando descubrimos que hay posibilidad de realizarlo, se transforma en música que acelera el corazón. No significa que es fácil descubrir esta melodía que nos apasiona, porque muchas veces solo vemos destellos, y no sabemos cómo hacerlo. Todos necesitamos saber cómo concretar el sueño que nos apasiona, y este libro le guiará paso a paso para lograrlo, porque su autor, Xavier Cornejo, ha sido fuente de inspiración para muchos y lo será para usted. Es apasionante cuando alguien logra dibujar claramente lo que se debe hacer para concretar el sueño, y Xavier lo ha hecho conmigo. Volar alto con Xavier es fácil, porque nació para extender las alas de los demás. Tiene en la mano el libro que le ayudará a crecer y a dar los pasos correctos para lograr lo que la apasiona. Porque es necesario sentarse con quienes han recorrido el camino y saben cómo hacerlo."

Sixto Porras
Director Regional
Enfoque a la Familia
Autor de *El lenguaje del perdón*, *Hijos exitosos* y *Cree en ti*

Si tan solo puedes obtener este libro en forma de batido, bébelo y obtén la fuerza de la experiencia de Xavier, y gana el músculo para vivirlo.

Mueve el bloque de cemento que tienes en tu cabeza con la inscripción "No puedo hacerlo", desecha las excusas que no pueden quitártelo de encima, y deja que la sabiduría de la historia de Xavier te inspire nuevo valor para tu historia. El mundo necesita esta luz.

La leyenda dice que a Ernest Hemingway se le pidió que escribiera una novela en 6 palabras. ¡Qué reto voy a asumir aquí! "Lee este libro, te desafío."

Kim McManus
Autora de *Strong Enough*

"Cada vida es única y cada ser humano tiene su propia historia. Qué importante es aprender a observar, a reflexionar, a comprender nuestro propósito y razón de ser, pero, y por sobre todo, atrevernos a vivir en plenitud. No solo por nosotros, ni para nuestro beneficio únicamente, sino para alentar a aquellos que caminan con y detrás nuestro, de tal manera que puedan cumplir su propias metas. Lamentablemente muy pocos sabemos cómo sacar el tesoro que llevamos dentro. Gracias, Xavier, por *La historia dentro de ti* que nos ayuda, enseña, guía y sobre todo, nos motiva a contar nuestros días."

Jimmy y Aída de Cornejo
Autores de *Somos Uno* y *Cómo ganar el corazón de tus hijos*

*"Enséñanos a contar de tal modo nuestros días,
Que traigamos al corazón sabiduría."* (Salmos 90:12 NBLH)

"Crecer y enriquecer el ser. Despertar la pasión hasta descubrir el don que te da el valor de escribir y vivir *La historia dentro de ti*. Esa es la intención de Xavier Cornejo en su primer libro. Xavier tiene su propia "línea", inspiradora e inimitable. El autor despliega el arte de la intencionalidad espontánea, y presenta su enseñanza bajo el velo de lo poético, esgrimiendo sorpresivamente recursos literarios que distinguen a grandes exponentes de la literatura en español. *La historia dentro de ti* es una lección de creación y vida. Digno libro de quien insiste en crear y presentar libros extraordinarios. 'El movimiento se demuestra andando', dijo Diógenes. Xavier Cornejo se ha movido adelante; escribió la historia dentro de él para que otros aprendan a escribir la suya. Estoy orgullosa de ser parte de su equipo."

Ofelia Pérez
Editora y escritora

"Nadie escoge dónde comienza, pero sí puede decidir dónde termina. A todos nos agradan las historias con finales felices, y la tuya puede ser una de ellas. Los finales felices se escriben usando una porción de la historia y entrelazando los eventos entre sí para crear el final deseado. Lamentablemente, muchos saben de dónde vienen y a dónde quieren ir, pero no saben cómo llegar allí. No basta con querer tener un final feliz; debes saber escribirlo.

"Conozco de primera mano la pasión que tiene Xavier de ayudar a otros a compartir sus historias y mensajes. Presta atención al detalle, deja entrever un interés genuino en llevar al escritor a expresar su máximo potencial, y lo apoya en sus gestiones. Su vasta experiencia en colaborar con cientos de autores le brinda hoy la capacidad de poder compartir contigo estos principios. Más allá de escribir tu libro, lo cual podrías muy bien lograr siguiendo lo que está plasmado aquí, Xavier desea darte las herramientas para que tu vida llegue al final que tanto has deseado. Cada capítulo está lleno de pasión, sabiduría, pero sobre todo, el deseo genuino de Xavier de que tu vida sea toda una obra maestra."

Otoniel Font
Autor de 7 días para crear tu éxito empresarial,
Cómo recuperar lo perdido y El poder de una mente transformada

"Queremos recomendar la lectura de este libro, no solo por las valiosas 'técnicas' y 'ayudas' de cómo contar tu propia historia que tan magistralmente se nos explican, sino también por la extraordinaria manera como Xavier Cornejo se las ingenia para despertar en cada uno de nosotros eso valioso, único y trascendente que tenemos los seres humanos: *La historia dentro de ti*. Es desde el entendimiento de la valía dada por el Creador de nuestras vidas vividas, que podemos aventurarnos audazmente a la jornada de desear compartirla con otros. La gratitud a Dios por lo vivido terminará siendo el hermoso corolario luego de la lectura de esta bella narrativa. Recomendamos este libro a todos los amantes de la vida, de otros seres humanos y por supuesto, de Dios. Gracias, Xavier."

Guillermo y Milagros Aguayo
Autores de *Cómo hacer felices a tus hijos* y
El esposo que quiero para mi hija...

"Todos tenemos una historia, pero la mayoría vive como si fuera un pozo lleno de agua sin que nadie beba de su experiencia, simplemente porque el pozo mismo ignora la riqueza que contiene. Xavier Cornejo es una de esas personas maravillosas que sabe sacar del pozo de nuestro corazón los tesoros escondidos de nuestra historia que pueden saciar la sed emocional de otros. Yo no sabía cuánto él había observado mi vida hasta que un día me dijo: 'Tu próximo libro debe ser sobre la alegría porque tú llevas alegría a todas partes'. Él descubrió el tesoro escondido que me ha definido y me ha acompañado en toda mi historia. ¡Descubre en estas páginas cómo contar tu historia y cómo vivir una experiencia digna de ser contada!"

Dra. Norma Pantojas
Autora de *Mantén la calma* y *Alegría para la vida*

"Todos tenemos una historia que contar, no lo dudo. Pero hay historias que están obligadas a ser contadas para inspirar y alentar vidas y corazones. Deben ser contadas de la mejor manera posible. Estas historias deben ser contadas por los mejores, grandes narradores que tienen el don y conocimiento para hacerlo de una manera extraordinaria, y uno de ellos, categóricamente, es mi amigo Xavier Cornejo. Estoy seguro que este gran libro que escribió será de una bendición inimaginable para el que lo lea y lo lleve a la práctica. Xavier no solo tiene el don de saber comunicar y expresarse, también tiene el conocimiento y la autoridad para hacerlo por su trayectoria y entrega. Todos pueden contar historias... pero muy pocos lo pueden hacer como mi amigo Xavier.

Gracias por este legado... gracias por este libro."

Adolfo Agüero Esgaib
Autor de *En lo secreto*

Hoy la estandarización ha hecho que todos los humanos perdamos nuestra originalidad. Muchos respiran, pero pocos viven. Xavier Cornejo, de una manera brillante, nos hace detenernos a pensar en nuestra vida y poder contarla como una historia apasionante. Te desafío a que tomes tu lápiz, seas inspirado por este magnético libro, y escribas la mejor historia de tu vida.

Andrés González
Creador de Contenido de Transformación
Diseñador de futuro
CEO Life Tree Network
MOSAIC ECUADOR Leader

LA HISTORIA DENTRO DE TI

HAY MÁS EN TI
DE LO QUE CREES

XAVIER CORNEJO

WHITAKER
HOUSE
Español

A menos que se indique lo contrario, todas las citas de la Escritura son tomadas de la *Santa Biblia, Nueva Traducción Viviente* ntv, © 2008, 2009 Tyndale House Foundation. Usadas con permiso de Tyndale House Publishers, Inc., Wheaton, Illinois 60189. Todos los derechos reservados.
Cursivas y negritas en el texto son énfasis del autor.

Editado por: Ofelia Pérez

La historia dentro de ti
Hay más en ti de lo que crees

ISBN: 978-1-64123-327-9
eBook ISBN: 978-1-64123-328-6
Impreso en los Estados Unidos de América
©2019 por Xavier Cornejo

Whitaker House
1030 Hunt Valley Circle
New Kensington, PA 15068
www.whitakerhouseespanol.com

Por favor, envíe sugerencias sobre este libro a: comentarios@whitakerhouse.com.

1 2 3 4 5 6 7 8 9 10 ⨆⨆ 25 24 23 22 21 20 19

DEDICATORIA

Lucas,

mira hacia arriba, apunta alto y sueña en grande.
Quizás has escuchado que el cielo es el límite.
Esa verdad no se aplica a la grandeza que hay en
ti. Papá estará contigo cada paso del camino para
ayudarte a alcanzar cualquier cosa que tu mente y
tu corazón quieran alcanzar.

Tu vida inspira mi vida, tus ojos cautivan mi
alma. Estas páginas fueron escritas para ayudar
a muchos, pero, sobre todo, fueron escritas para
ti. Espero, a través de ellas, iluminar tu camino
como tú has iluminado el mío. En este libro está
escrito todo lo que hasta hoy he aprendido y me ha
servido; espero que las palabras que aquí escribo
hagan eco en tu historia.

Estoy seguro de que tu historia será más grande,
más increíble que cualquier cosa que yo haya
podido alcanzar, y mi mayor logro no será lo que
harás, sino en quien te convertirás.

¡Te amo, hijo!

AGRADECIMIENTOS

Lucas, gracias por haber sido el combustible que encendió mi historia. Has depositado más pasión en mí de la que creía posible. Los lugares a los cuales este libro viaje, y todas las personas que este libro toque, será por ti.

Steph, gracias porque todo lo que haces me permite ser quien soy, y hacer lo que hago.

A mis padres Jimmy y Aída, gracias por su fortaleza, su ejemplo y su amor. Ninguna parte de este libro se hubiera escrito si no fuera por su sacrificio. Ustedes han escrito sobre mi vida las lecciones más importantes que llevo conmigo. Espero que algún día mi historia sea tan grande como su historia. Gracias por nunca rendirse.

A mis hermanas Rossana y Verónica y a sus familias, Diego, María Gracia, Ana Victoria y Juan Manuel, así como Carlos, Carlitos, Amelia, Santiago José y Sofía, gracias por creer en mí siempre, inclusive en los momentos que yo mismo no creía en mí. Su abrazo ha sido constante y su amor ha sido permanente. Su historia fortalece mi historia; sigan escribiendo esa gran aventura que han escrito hasta hoy, estoy a su lado siempre.

Omar y Lian, su constante cuidado para con Lucas me ha permitido crecer. Este libro tampoco existiría si no fuera por su tiempo, dedicación y protección en cada detalle de la vida.

A quienes considero mis mentores, Dale Bronner, Erwin McManus y Sam Chand, ustedes han depositado en mi vida más conocimiento, sabiduría y valor del que soy capaz de acumular. No me alcanzan las palabras para agradecer, no solo su instrucción, pero sobre todas las cosas, su amistad. Este libro es una pequeña muestra de todo lo que ustedes han sembrado en mi vida.

A Ofelia, mi editora, su acompañamiento en todo este proceso es lo que hace posible estas páginas. Gracias por siempre creer en mí y empujarme a más, gracias por su dedicación y su tiempo; sin su mano sobre este manuscrito, no creo haberlo podido terminar.

A Bob Whitaker, quien me dio la oportunidad para contar mi historia y amplificar mi voz cuando nadie más me había dado una oportunidad.

A todo el equipo de Whitaker House, Karla, Christine, Denise, Becky y todos los demás, es por su gran trabajo y esfuerzo que podemos hacer lo que hacemos y publicar libros que inspiran, influencian e impactan.

A todos los escritores que me han dado el honor de trabajar con ustedes, el aprendizaje que de cada uno de ustedes he obtenido me ha expandido. Gracias por su confianza.

Sobre todas las cosas, gracias a Dios por la vida que me ha dado, y por la historia que de mi vida ha contado.

ÍNDICE

PRÓLOGO

Tuve el privilegio de conocer a Xavier Cornejo cuando él decidió convertirse en el editor y defensor de mi libro *El Alma Artesana*.

Jamás hubiera podido predecir cómo evolucionaría esta relación y cómo Xavier se convertiría en un amigo tan querido por mí.

No sería una exageración decir que él me abrió la puerta a Latinoamérica, y me dio una plataforma que fue mucho más allá de mi expectativa. Él creyó en mi historia y dio su vida para llevar el mensaje tan lejos como podría llegar.

Así es Xavier como persona y como profesional. Él cree en el poder de una historia. Él cree que todos tienen una historia poderosa. Él sabe también cómo extraer esa historia y desatar su poder.

Xavier tiene la habilidad de reconocer la historia más importante que una persona debería escribir. Es un experto en ayudar a cada persona a encontrar su historia única.

A través de este nuevo libro, *La historia dentro de ti*, Xavier nos guía a descubrir el poder de nuestra historia.

Para en verdad capturar nuestra historia, él nos guía a través de los procesos críticos y necesarios para escribir la historia de nuestras vidas.

Sin importar si eres un escritor o no, aún sigues escribiendo la historia de ti. Algunas personas escribirán libros, pero todos nosotros escribiremos la historia de nuestras vidas. No permitas que nadie más la escriba por ti.

Todos tenemos una historia que contar y no debemos desestimar lo que significaría para el mundo el contar bien tu historia. Para contar bien tu historia, primero tienes que vivirla plenamente.

Los principios a través de los cuales él nos guía en *La historia dentro de ti* ayudarán a cualquier persona en cualquier campo o en cualquier tarea a alcanzar y vivir su más alta historia.

Xavier se enfoca en los elementos que moldean tu historia, tales como pasión, observación, personas, dones, sueños, intuición, imaginación y reflexión. El penúltimo capítulo es sobre plenitud, que es algo que encontramos – Xavier lo explica – cuando estás contando la historia que naciste para contar. Y lo junta todo en su capítulo final acerca del valor; el ingrediente principal, nos recuerda él, para poder vivir y contar tu historia.

He visto de primera mano cómo Xavier lleva consigo la esencia de este libro.

Él ha vivido una vida de valor y de fe, así como también humilde, con un corazón de servicio.

Él vive su vida y su historia con pasión, y le apasiona ayudar a otros a encontrar y vivir su historia.

Él ha trabajado para expandir el mensaje de muchos grandes escritores, pero ahora escribe para que cada persona también tenga una historia que contar.

Yo sé que Xavier tomó mi historia y me ayudó a compartirla con el mundo. Tan solo puedo imaginar lo que su libro hará en la historia de todo aquel que lo lea.

La mayoría de los libros nos llevan a la historia del escritor. Este libro fue escrito para llevarte a tu historia.

Gracias, Xavier, por recordarnos que todos tenemos una historia.

Gracias por hacer este arduo trabajo, por escribir este libro, por vivir tu historia, para que nosotros podamos vivir "la historia dentro de nosotros".

¡Hagamos de la vida un cambiar de páginas!

Tu compañero de viaje,

Erwin Raphael McManus
Fundador de Mosaic
Autor de *El camino del guerrero*

"Me viste antes de que naciera.
Cada día de mi vida estaba registrado en tu libro.
Cada momento fue diseñado antes de que
un solo día pasara".

—Salmo 139:16

INTRODUCCIÓN

Todos tenemos una historia que contar, una vida por vivir y páginas por escribir. Existe un sentido de grandeza dentro de cada uno de nosotros, una curiosidad por la aventura, la cual, tristemente, va desapareciendo con el paso de los años. Mientras crecemos, nos volvemos más "realistas", y aquella curiosidad que teníamos cuando niños empieza a desvanecerse en aquello que hoy llamamos vida. En algún momento perdimos el sentido de aventura y nos conformamos con la rutina de la vida diaria.

He trabajado en el mundo editorial por más de catorce años, y he ayudado a varios autores a contar su historia. En ese proceso he aprendido algunas cosas que pueden ayudar a cualquier persona a contar su historia. En algún momento de mi vida, solía creer que todos deberíamos escribir un libro, pero cuando me encontré con aquella frase de Benjamín Franklin que dice, "Escribe algo que valga la pena leer o haz algo sobre lo que valga la pena escribir.", entendí que algunos de nosotros escribiremos libros, pero todos nosotros escribimos nuestra historia, la historia que está dentro de nosotros, nuestra vida.

> **No todas las personas pueden escribir,
> pero todas las personas deben vivir.**

Hay una historia dentro de cada uno de nosotros. Esa historia es un tesoro para el mundo. Cuando no somos capaces de contar nuestra historia, cuando no escribimos las páginas de nuestra vida con intensidad y con intencionalidad... cuando no perseguimos aquello que queremos... cuando dejamos de aprender y dejamos de crecer... le estamos robando al mundo todo ese tesoro que está dentro de nosotros. No tan solo le robamos al mundo; le robamos a nuestros seres queridos y, por sobre todas las cosas, nos robamos a nosotros mismos. Nos robamos la aventura de vivir. Dejamos de soñar para meramente existir.

Al trabajar con varios autores encontré algunos principios que nos ayudarán a contar nuestra historia, no solo en libros, sino a escribir nuestra historia en las páginas de la vida, y a alcanzar tu máximo potencial. No importa quién eres o dónde estás, tú tienes una historia que contar, tienes cosas que narrar, y puedes ayudar al mundo a mejorar.

¿Cómo se vería tu vida si pudieras vivir todo aquello que sueñas? ¿Qué harías con tu vida si supieras para qué naciste? ¿Estás listo para contar tu historia?

Quizá algunos sienten que están cansados del caminar, que las cosas no se les dan. Recuerda que algunas veces *es la última llave la que abre el candado;* que mientras tengas aliento, puedes seguir escribiendo; que mientras respires, la vida sigue. Que tu historia no ha terminado aún. Recuerda que hoy es un nuevo día para escribir un nuevo capítulo; no necesitas quedarte en el capítulo anterior. Hay mucho más dentro de ti. Tienes más por escribir y te queda mucho por vivir.

Quizás el capítulo anterior no terminó donde tú querías. La buena noticia es que cuando ese capítulo se escribió, no terminó con punto final; terminó con puntos suspensivos... Ponte de pie; tu historia continúa.

Los principios que en estas páginas describo son todos aquellos principios que en mi caminar editorial he aprendido, y no tan solo han servido para que otros escriban libros. Me han servido para escribir mi propia historia, para escribir mi vida. Te invito a escribir tu historia; a escribir tu vida.

¡Que la sabiduría sea tu guía, y el valor, tu compañía!

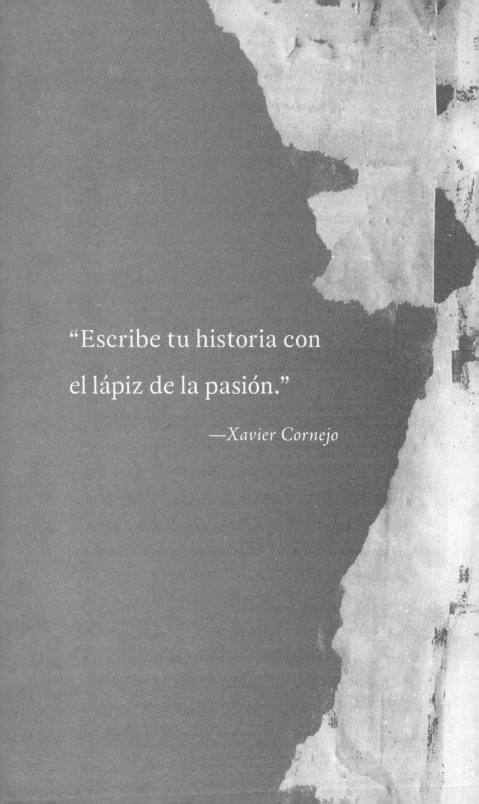

"Escribe tu historia con el lápiz de la pasión."

—*Xavier Cornejo*

1

PASIÓN

Siempre he sentido admiración por aquellas personas que desde niños sabían lo que querían ser "cuando fueran grandes". Al pasar de los años he observado cómo algunos de ellos que decían que querían ser doctores, hoy lo son; otros decían que querían ser arquitectos o abogados, y hoy lo son.

Para mí el camino ha sido completamente diferente. Yo no sabía qué quería hacer de mi vida hasta hace unos pocos años atrás. Creía que no tenía ningún don, talento o habilidad; incluso hay momentos de mi infancia que me ayudaban a sostener esta teoría. Por ejemplo, recuerdo que cuando niño pedí una batería en Navidad y mis padres me la regalaron. Nunca aprendí a interpretar música en la batería. Lo intenté un par de veces, y ahí quedó aquel instrumento que en algún momento tanto anhelé. Un par de años después pedí un saxofón, el cual mis padres también me regalaron. Creo que lo utilicé un máximo de cinco veces. Ni siquiera recuerdo si pedí tomar clases de saxofón o no. Lo que sé es que nunca aprendí cómo interpretar aquel instrumento.

Esos son tan solo dos ejemplos de las muchas cosas que empecé y nunca terminé. A través de los años hay muchas cosas que me hubiera gustado hacer o aprender, pero nunca lo hice; mis padres lo saben bien. De hecho, en más de una ocasión, ellos me recordaron que yo "nunca terminaba nada de lo que empezaba". Las cosas han cambiado, y hoy son ellos quienes más apoyan todo lo que hago y quienes más disfrutan de todo lo que digo o escribo (por lo menos, eso creo yo).

Más adelante en mi vida, cuando era el tiempo de escoger una carrera universitaria, no sabía en verdad qué quería estudiar. Por un lado me gustaba la medicina, pero sabía dentro de mí que ese no era el camino a seguir, así que finalmente opté por la Facultad de Derecho. Al fin y al cabo procedo de una familia donde hay muchos abogados, y todos ellos bastante exitosos, así que por los siguientes seis años o más me dediqué a estudiar esa carrera hasta graduarme.

Con el pasar de los años me di cuenta de que el Derecho me interesaba, pero no era mi pasión. Al graduarme y ver el mundo frente a mí, sentía que esa realmente no era la profesión que debí haber estudiado, pero parecía demasiado tarde. Ya me había graduado, la vida pasa, y hay que empezar a trabajar.

Poco tiempo después descubrí que mis padres habían recibido unas licencias para publicar unos libros y comencé a hacer preguntas, y las preguntas traen respuestas. Así de repente me vi sumergido en el mundo editorial, y es un viaje que disfruto hasta el día de hoy. En ese viaje descubrí mi verdadera pasión, y he logrado trabajar con personas brillantes, quienes ampliaron los horizontes de mi mente.

**Cuando la pasión se enciende,
la imaginación trasciende.**

La pasión es el combustible del alma. La pasión es una fuerza interna que te guía a perseguir aquellas cosas que anhelas. Es el motor que te mueve hacia adelante, aquello que hace latir tu corazón al ritmo de un tambor. La pasión te da vida, te da energía, te hace soñar en lo que el futuro te puede dar.

Sin embargo, el problema más grande que muchos enfrentan es una vida sin pasión. Cuando la pasión se extingue, sientes que la vida se apaga y, aún más: sientes que la vida se acaba. La verdad es que la pasión en muchas personas se encuentra dormida o anestesiada, y en ambos casos sientes que la vida que vives y la historia que escribes no es la vida que soñaste cuando eras niño.

Nadie puede impactar el mundo sin pasión; es increíble el cambio que la pasión hace en la vida de una persona. Cuando la pasión enciende el corazón, la razón se envuelve en imaginación. Ese es el momento donde lo imposible se vuelve posible.

Es asombroso observar cómo la pasión cambia a las personas. La pasión despierta sueños que estaban dormidos; quiebra limitaciones que nos habíamos impuesto. Cuando una vida está llena de pasión, la limitación no es una opción. La pasión es el interruptor que trae luz a nuestra oscuridad y color a nuestra existencia.

La pasión es una llama que quema nuestro interior, alumbrando los anhelos de nuestro corazón, y es precisamente esa quemazón la que se debe arraigar en nuestro corazón.

Todos llevamos dentro una gran pasión. Una de las cualidades más interesantes e importantes de la pasión es que todos la tenemos dentro. El problema es que se encuentra dormida dentro de nosotros, ya que muchos preferimos la seguridad de la orilla que la maravilla hacia la cual la pasión nos guía.

La pasión es una fuerza que nos lleva a un lugar donde nuestra vida se eleva. No obstante, aunque todos tenemos un deseo de grandeza que quema dentro de nosotros y somos constantemente llamados por la aventura, preferimos ignorar su llamada para seguir con nuestra vida calmada. Una vida calmada puede convertirse en una vida cansada.

Es cierto aquel Proverbio inglés que dice que "nunca un mar en calma hizo experto a un marinero". Una vida que no arriesga es una vida que no alcanza.

Quien quiere llegar más allá debe poder despertar su pasión, desafiando su propia comodidad.

La frustración de la mayoría de las personas es que lo que está en su imaginar jamás se llegará a realizar, no porque no tengan el potencial para lograrlo, sino porque permiten que su pasión siga dormida para permanecer en su zona de comodidad. **No hay crecimiento en la zona de comodidad y no hay comodidad en la zona de crecimiento.**

Nuestra historia cambia totalmente cuando se despierta la pasión. Así es la historia de mi amigo Manuel. Conocí a Manuel en el colegio de la manera más inesperada; ambos fuimos expulsados de diferentes salones de clase al mismo tiempo. Nos vimos, nos saludamos, nos hicimos amigos y lo demás es historia. Esta es su historia.

Manuel tiene un emprendimiento exitoso de productos naturales orgánicos enfocados en los súper alimentos (marca *Jakana*). Pero no siempre fue así. Trabajaba en una licorería y un día se cansó de su empleo, de la vida que tenía, escribió su renuncia y se fue. Antes había trabajado en impuestos, y llegó a pensar que su pasión era el fútbol, pero no era así. No había pensado qué estudiar. Estudió administración porque eso fue lo que estudió su papá, y pensó que era una buena opción, pero no le entusiasmaba.

Luego decidió estudiar mercadeo y pensó que era lo que le gustaba, pero nunca encajó a pesar de sus títulos. No tenía pasión, ni el gusto de saber qué era lo que realmente le gustaba.

Siempre sentía frustración de estar trabajando para otras personas y no ver los resultados; más allá de los resultados económicos, los resultados de satisfacción. No encajaba en ninguno de los puestos en que estaba. Sentía que no daba el 100% y que su trabajo no era ni bueno, ni eficiente, ni eficaz, hasta ese punto.

Una de las primeras cosas que hicieron clic en su vida fue cuando encontró el gusto por la lectura. Decidió dejar de ver televisión y dedicarse a leer, y encontró una de sus primeras pasiones, que fue la investigación.

Él quería controlar su peso y comenzó a buscar un suplemento vegano que se ajustara a sus nuevos objetivos de vida, y no lo encontró. Investigó y se dijo: "Lo voy a hacer yo. Simplemente voy a estudiar y voy a ver cómo lo puedo hacer".

Cuando se decidió a hacer su producto, se quedaba hasta las 2:00 am viendo videos en Internet o leyendo. Todos sus pensamientos del día giraban alrededor de eso. Todo el día, todas las cosas que pensaba eran relacionadas con eso.

Desarrolló la fórmula y la empezó a probar en él mismo en la época que entrenaba *Cross Fit*. Se empezó a dar cuenta de que ese era el negocio al cual él se podía dedicar.

Con el pasar de los meses, empezó a compartir su producto con algunas personas, y una le dijo: "Esto es lo mejor que me ha pasado, me siento súper bien y es la primera vez que logro hacer que mi nivel de hierro suba". Cuando esta persona le dijo eso, se dio cuenta de que tenía que hacer algo más, no solo como un negocio, sino llevar salud a las personas. Ese fue su cambio interno donde su pasión se despertó, al darse cuenta de para qué vino a este mundo. Él dice que vino a este mundo a ayudar, a ser una voz, un guía, un medio para mejorar la calidad de vida de otras personas.

Esa es la diferencia que hace en Manuel haber encontrado su pasión: haber pasado de una vida insatisfactoria a una vida apasionada. Para él, la palabra "trabajo" dejó de tener el significado que tenía, porque ya no "trabaja". Hace lo que hace los días que lo tenga que hacer, no importa si es un feriado, un fin de semana, entre semana, las horas, porque se dedica a su pasión y ese es el momento cuando más conectado está consigo mismo. Hoy en día se relaciona mejor con las personas, desarrolla mucho más su capacidad creativa, y siente una paz interior que nunca antes sentía.

¿Cómo nos lanzamos a esta gran aventura?
La respuesta es ¡un paso a la vez!

Es muy probable que en este momento te estés preguntando si estás viviendo una vida apasionada, si tu pasión está encendida, o si simplemente estás viviendo en la orilla de ese gran mar que se llama vida. Si esas preguntas están dentro de ti, mi propósito es ayudarte a nadar desde esa orilla al mar más profundo de tu pasión dormida, y sacarte del letargo de una vida aburrida.

Uno de los descubrimientos más asombrosos que he realizado es que nunca es demasiado tarde para despertar tu pasión.

Hazte las siguientes preguntas:

+ ¿Es esta la vida que quiero vivir?

+ ¿Qué conversaciones despiertan mi imaginación?

+ ¿Con qué sueña mi corazón?

+ ¿Qué me hace sentir que el tiempo vuela y se detiene al mismo tiempo?

Las respuestas a estas preguntas pueden cambiar el rumbo de tu vida y la de los demás. Pueden ayudarte a encontrar el camino a realizar tus más grandes anhelos y deseos.

La pasión es un requisito indispensable para alcanzar tus metas y lograr todo aquello que deseas. Sin embargo, la pasión tiene necesidad de dos cosas: *dirección y disciplina*.

DIRECCIÓN PARA DESARROLLAR LA PASIÓN

Al ser la pasión una fuerza indomable, es necesario que le demos dirección. La pasión es visceral; no es analítica. La pasión quiere que logremos nuestros objetivos, pero no siempre sabe cómo hacerlo. Es por eso que para desarrollar nuestra pasión necesitamos dirección.

La pasión es amiga de la velocidad. A la pasión le cuesta esperar; es como un fuego que no espera para consumir lo que se encuentra frente a él. Muchas veces la razón por la cual no logramos desarrollar nuestra pasión es porque nos olvidamos que lo que nos lleva a nuestro destino no es la velocidad, sino la dirección.

Por eso, todos aquellos que persiguen su pasión y están listos para contar su historia, necesitan buscar personas que los ayuden, los guíen y los dirijan en el camino hacia su destino. Esta ayuda puede venir en la forma de un coach, un mentor, alguien que ya logró lo que tú quieres lograr, o alguien que ha ayudado a otros a alcanzar lo que tú quieres alcanzar.

Aprendí de mi gran amigo y mentor, Sam Chand,[1] que la primera cosa que se debe hacer cuando tenemos una idea nueva o cuando queremos realizar algo que no hemos hecho antes, es preguntarnos lo siguiente: "¿A quién conozco que me puede ayudar con eso?". "¿Quién ha hecho algo parecido de manera exitosa?". Sam nunca se pregunta cuánto va a costar, hasta saber quién le puede ayudar.

He conocido a muchas personas con una gran pasión, pero que nunca pidieron dirección. Eso llevó a que su

---

1. Samuel R. Chand es uno de los 30 principales gurús del liderazgo internacional.

pasión se extinguiera y el día de hoy sus grandes sueños son tan solo un pequeño recuerdo de algo que pudo haber sido y no fue. La dirección trae aceleración al cumplimiento de nuestra pasión.

Se dice que uno es inteligente cuando aprende de sus errores, pero se es sabio cuando aprende de los errores de los demás. De la misma manera, se es sabio cuando se aprende de los aciertos de los demás. El buscar dirección nos ayuda a acortar la curva de crecimiento, ya que podemos empezar desde un lugar más alto.

DISCIPLINA ES LA GUÍA

Lo siguiente que la pasión necesita es disciplina. La disciplina es amiga de los logros.

Disciplina es el puente que lleva de la pasión a la destreza. Tiempo es el puente que lleva de la destreza a la grandeza.

Para contar tu historia de manera exitosa, tu pasión necesita tener disciplina; es la acompañante ideal para hacerla real. La pasión será tan solo una chispa si no permitimos que la disciplina sea su guía. Si nos disciplinamos y trabajamos, la pasión se convertirá en esa gran luz que ilumina el mundo.

El mejor regalo que le puedes dar al mundo es que tu luz alumbre. Vivimos en un mundo oscuro y sombrío, pero cuando vemos personas que apasionadamente hacen lo que nacieron para hacer, su luz nos atrae y nos calienta, y muchas veces es su pasión la que enciende en nosotros la pasión.

Ejemplos de esto son el arte, la pintura, una película, un buen libro que al terminar de leer ha despertado algo que estaba dormido, y tenemos un sentimiento de que podemos hacer más. Pero muchas veces se queda en ese primer sentimiento durante los siguientes diez minutos, y luego volvemos a la rutina. La verdadera razón es que nos falta la disciplina.

Uno de los puntos más interesantes de la disciplina es que no tiene que ver con nuestras emociones, sino con nuestras acciones. El año pasado fue uno de los años que más he viajado, o como American Airlines claramente me lo explicó en un correo electrónico que se titulaba "Revisemos tu año", estuve 203 horas volando, di 3.5 vueltas alrededor del mundo, y visité 17 destinos.

Una de mis decisiones hace tres años atrás fue ejercitarme, y es una disciplina que he mantenido casi a diario excepto por los días de viaje. La razón por la que traje a colación el tema de los viajes, es porque muchos de aquellos vuelos me trajeron de regreso a casa en la madrugada. Sin embargo ese mismo día, a pesar del cansancio, salí a ejercitarme. No lo hice por sentimiento; lo hice por decisión. Si hubiera escuchado a mis sentimientos jamás lo hubiera hecho. El secreto está en levantarse aunque uno no quiera, vestirse aunque todo nos diga que no, salir por la puerta, y llegar al destino al que decidimos llegar.

Como manejamos nuestro tiempo determina como manejamos nuestra vida. Como pasamos nuestros días es como pasamos nuestra vida.

El filósofo chino Confucio decía: "Elige un trabajo que te guste y no tendrás que trabajar ni un día de tu vida". Aunque me encanta la idea que esta frase representa, la verdad es que nunca debemos dejar de trabajar en nuestra pasión y en nuestros conocimientos. Conozco a muchas personas que me han dicho: "Yo ya no trabajo, porque hago lo que amo, o aquello que nací para hacer". Luego me cuentan cuántas horas estudiaron y estudian, y cuánto trabajan para llegar a saber lo que hoy saben y para hacer lo que hoy hacen, y concluyo que siempre hay un precio que pagar por alcanzar nuestra pasión.

Algo que aprendí hace poco tiempo atrás es que todo lo que ganamos o perdemos en la vida proviene del intercambio que hacemos con nuestro tiempo.

¿Es la forma en la que pasas tu tiempo la forma en la que quieres pasar tu vida? Esta pregunta me hace pensar y me hace reflexionar, y más allá me lleva a la siguiente pregunta: ¿Es la vida que vives la historia que tú decides? Al mirar atrás, ¿es esta la historia que quieres contar?

El psicólogo K. Anders Ericsson desarrolló la idea de que se requieren por lo menos 10.000 horas para llegar a ser un experto en algo.[2] Si necesitamos de esa cantidad de horas para llegar a ser expertos en algo, ¿cuánta disciplina crees tú que necesitarás?

La única forma de llegar a la cima de aquello que te apasiona es tener la disciplina para escalarla. Nadie llega a la cima sin caminar cuesta arriba.

La pasión no necesariamente precede a la preparación, pero la preparación precede a la grandeza. Sin importar cuán viva esté tu pasión, nunca podrás contar tu historia sin preparación. La preparación requiere disciplina. Y *preparación en el presente es un indicador de oportunidades en el futuro.*

Repito algo que dije hace unas líneas atrás: "La disciplina es amiga de los logros". Es increíble ver la diferencia que la

2. Consulta en línea. https://hbr.org/2007/07/the-making-of-an-expert

disciplina hace en la vida de las personas. Es a través de la disciplina que las personas se nos hacen fascinantes en diferentes campos. Escuchar a un virtuoso de la música interpretar sus emociones de manera magistral a través de la música, llevándonos a sentir lo que está sintiendo, es uno de los mayores placeres. Igual nos sentimos al observar a los mejores jugadores del mundo jugar un partido de fútbol, y ver cómo hacen parecer tan sencillas las jugadas que son extremadamente difíciles. Ese es el poder de la disciplina, de practicar cuando hubieran preferido descansar. Lo que en verdad les llevó a ese lugar es la disciplina de la práctica diaria.

**Ponerle disciplina a nuestra pasión
es darle alas a nuestros sueños.**

En ese momento no hay límites a lo que podemos alcanzar o lugares a donde no podamos volar. En realidad, es el verdadero momento cuando podemos decir que "el cielo es el límite", y a veces ni siquiera eso nos podrá limitar.

No importa dónde te encuentres, puedes despertar tu pasión, y con dirección y disciplina puedes llegar a donde quieras llegar.

El primer paso no te lleva a tu destino, pero te pone en el camino.

Tu vida, tu responsabilidad, lo más importante de tu historia no es tu comienzo, es tu final, porque lo que la mayoría de las personas recuerda es el final. No todos podemos escoger nuestro comienzo, pero todos podemos escoger nuestro final.

Vive una vida apasionada para que
tu historia pueda ser contada.

PREGUNTAS DE CRECIMIENTO

1. ¿Qué quema mi corazón?

2. ¿Qué historia es la que estoy escribiendo?

3. ¿Qué conversaciones despiertan mi imaginación?

4. ¿Qué me hace sentir que el tiempo vuela y se detiene al mismo tiempo?

5. ¿Es la forma en la que paso mi tiempo la forma en la que quiero pasar mi vida?

6. En el futuro, ¿es esta la historia que quiero contar?

7. ¿Quién me puede dar dirección?

8. ¿Qué mensaje no puedo irme de esta tierra sin compartir?

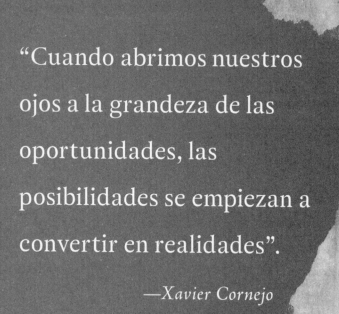

"Cuando abrimos nuestros ojos a la grandeza de las oportunidades, las posibilidades se empiezan a convertir en realidades".

—*Xavier Cornejo*

2

OBSERVACIÓN

Hace un par de días miraba una película en la cual un joven llega a una entrevista de trabajo y se encuentra con una jovencita que esperaba también ser entrevistada. Entablan una pequeña conversación y ella le pregunta si se conocían de algún lugar, a lo cual él responde que no. Cuando ella le pregunta si él va a un cierto parque, él dice que sí, y ella responde: "Entonces ahí te he visto". Él se sorprende y le responde: "Yo nunca te he visto ahí", y su respuesta es, cándidamente: "Quizá no estabas observando".

Cuántas veces hay cosas que están frente a nosotros y no las podemos ver. No me refiero solo a nosotros, los hombres, cuando preguntamos dónde está tal cosa y nuestra madre o esposa nos dice "ahí, frente a ti", sino a hombres y mujeres en general, que podemos mirar, pero que no hemos aprendido a observar. La observación es mucho más profunda que la mirada. Tiene que ver con comportamiento, respuestas, análisis, imaginación, escucha y más.

Sin duda alguna, las mejores historias, las que más cercanas están a nosotros, son aquellas que provienen de una narrativa de algo que nos pasa a diario, que todos miramos, pero pocos observamos.

Despertar la capacidad de observar es uno de los mayores valores que le puedes agregar a tu vida. Es aprender a ver el mundo como es y no como eres. Muchos estamos familiarizados con el antiguo dicho "no vemos el mundo como es, vemos el mundo como somos". Darse cuenta de esta gran verdad es un catalizador que nos puede ayudar a despertar.

Al momento de contar su historia o el proceso de aprender a contar su historia en cualquier rama que sea, muchas personas me preguntan sobre qué escribir. Mi primera pregunta es: "¿Qué te apasiona?". Algunas veces tienen respuesta, pero en otras ocasiones la pregunta es: "¿Cómo puedo descubrir mi pasión?". Aunque hemos hablado ya de la pasión, la única forma de descubrir la pasión es despertar nuestra observación. De la misma manera que el día empieza al abrir nuestros ojos, nuestra mejor historia comienza al abrir nuestros ojos, al observar, al ver más.

Debemos aprender a observar con detenimiento cada detalle de la vida, porque muchas veces en los más pequeños detalles se encuentran las más grandes oportunidades. Cuando aprendemos a observar el mundo en el que vivimos, el mundo en el que vivimos cambia. El despertar nuestro observar cambia nuestro caminar.

Si no puedes ver más, no puedes ser más.

Siempre me ha cautivado un programa de televisión que se llama *Shark Tank* (Tanque de tiburones),[3] en el cual personas que han observado un problema y han inventado la solución llegan al "tanque de los tiburones", cinco reconocidos empresarios que deciden si invierten o no en dichas compañías.

La cantidad de inventos es tan variada como la cantidad de personas que entran ahí. Es asombroso ver en acción la capacidad creativa que tenemos los seres humanos, aunque debo confesar que algunas veces ver ese programa me hace sentir inútil por no haber inventado algo. Pero programas

---

3. *Shark Tank* es un programa de TV para pequeños empresarios, transmitido por la cadena ABC en los Estados Unidos.

como este me han hecho ver que la observación es una de las cosas más valiosas de la vida y es algo que también he aprendido de mis diferentes mentores.

OBSÉRVATE

La capacidad de observación nos lleva a un inmenso viaje hacia el mundo de las oportunidades. Pero para atravesar una nueva puerta de oportunidad, tienes que dejar atrás el pasillo de la comodidad.

El otro día leí algo que me pareció interesante: "Viviríamos mejor si viviéramos el consejo que les damos a los demás". ¡Cuánta verdad hay en esa oración! Siempre el consejo que damos es mejor que la decisión que tomamos. Generalmente esta verdad se expande más allá de tan solo nuestros consejos. Entra también en el ámbito de ver los dones y talentos en los demás.

¿Cuántas veces logramos reconocer habilidades extraordinarias en la vida de los demás, y decimos o pensamos cosas como "esta persona sería buena haciendo esto o aquello", pero no somos capaces de encontrar nada en nuestra propia vida? Me pregunto si la razón por la que podemos observar más los dones y talentos de los demás es porque prestamos más atención a sus vidas que a la nuestra.

La vida está llena de grandes historias que nunca fueron contadas, quizá porque muchas veces las personas implicadas no se dieron cuenta que las estaban viviendo.

Es interesante cómo funciona la observación; esto es algo que nos pasa a todos. Cuando pensamos en comprar un auto o cualquier otro artículo, generalmente no lo vemos mucho en las calles o en diferentes lugares. De repente cuando tenemos ganas de comprarlo, lo empezamos a ver en todas partes. Esto me hace pensar que esos autos o esos artículos siempre estuvieron; simplemente fui yo quien nunca los vio. Ese fenómeno mental de atención selectiva que de repente me hace ver el artículo, se llama "ilusión de frecuencia" o fenómeno de Baader-Meinhoff. [4]

Cuando se trata de contar nuestra historia, de encontrar nuestros dones y talentos, cuando queremos hacer una diferencia en el mundo, es necesario que podamos observar en nosotros mismos esas habilidades que, aunque durmientes, están presentes.

Yo sabía que dentro de mí, al igual que tú lo sabes dentro de ti, hay grandeza, que nacimos para más. Ese sentimiento descansa en cada uno de nosotros, pero nos es difícil identificarlo.

---

4. Consultado en línea. https://science.howstuffworks.com/life/inside-the-mind/human-brain/baader-meinhof-phenomenon.htm

Quizá la familiaridad con nosotros mismos no nos permite ver lo que hay en nuestro interior. Es como cuando estamos acostumbrados a los paisajes hermosos que hay a nuestro alrededor, de repente no logramos ver su belleza a detalle cada día, porque nos hemos familiarizado con ello. Cuando viene una persona a visitarnos, ve aquellas cosas que tú ves todos los días y se sorprende por la belleza del lugar.

**Hay mucho más en ti de lo que tú crees que hay,
y puedes hacer mucho más de
lo que crees que puedes.**

Simplemente es necesario observar. La observación es un proceso de concentración que nos puede llevar a la satisfacción cuando logramos mirar la belleza de lo que hay en nuestro interior.

Continúo con mi historia. Yo no lograba identificar aquellos ingredientes dentro de mí que me ayudarían a contar mi historia. Pasa el tiempo y es difícil mantener la creencia de que hay grandeza en nuestro interior. En mi camino, empecé a observar cómo ciertas personas en diferentes círculos notaban en mí dones y talentos que yo no sabía que tenía. Lo interesante es que casi siempre las observaciones que las personas hacían coincidían en algunos puntos. Lo que hacía de esto una experiencia única en mi ser es que estas personas no se conocían entre ellas; algunas veces ni siquiera hablaban el mismo idioma. Darme cuenta de aquellas cosas comenzó a despertar algo en mi interior.

Me hice más observador con respecto a aquellas cualidades de las cuales ellos hablaban. Por ejemplo, una de las cualidades que siempre resonaba era "conector". Esto se refería a que los conectaba con las personas correctas para lo que ellos necesitaban. Desde mi perspectiva podía observar e imaginar lo que las personas que conectaría podrían llegar a lograr juntos, y en muchas ocasiones esto terminaba en éxito en esas conexiones.

El potencial está; a veces lo que te falta es ver lo que los otros ven en ti.

Al ser más intencional en mi observar, noté que tengo la habilidad de leer la historia que una persona quiere contar, aun antes de que esa persona sepa que la quiere contar. Empecé a trabajar en ello de manera intencional, y los resultados han sido sorprendentes. Pero debo ser sincero; aunque muchas veces puedo ver el potencial de la persona e imaginar lo que puede llegar a ser, no siempre ha funcionado debido a varios factores.

Todo escritor con el que me he relacionado comienza a escribir acerca de algo que ha observado. Para él es una revelación; algo que siempre estuvo ahí, pero que ahora tiene un sentido diferente. Algunas veces la idea para un escritor viene de su editor o de su editorial, quienes han observado un tema para el cual él sería un gran comunicador. La razón principal por la cual una editorial le daría un tema a ese escritor es porque ha observado en él características para poder comunicar esa idea.

Como mencioné anteriormente, observar tiene que ver con despertar, con mirar el mundo de una manera diferente; tener la habilidad de mirar lo que siempre hemos visto y encontrar algo diferente, de mirar el día a día con sabiduría, para descubrir lo que siempre estuvo ahí, pero nunca lo habíamos mirado. Despertar esta manera de pensar nos permite dibujar la historia que queremos contar.

La diferencia entre una gran historia y una pequeña historia, es que las historias grandes fueron escritas y contadas por personas que estaban despiertas. Las pequeñas historias fueron escritas por personas que se encontraban dormidas.

Las oportunidades viven en el mundo de la observación. Cuando la observación se despertó dentro de mí, empecé a vivir en un mundo nuevo, un mundo lleno de oportunidades y posibilidades. A veces pensamos que el mundo es un lugar pequeño, sin darnos cuenta que es pequeña nuestra capacidad de observar el mundo.

Esta es mi experiencia y mi vida diaria: cuando yo observo, todo está relacionado a la historia que puedo contar.

Cuando abrimos nuestros ojos a la grandeza de las oportunidades, las posibilidades se empiezan a convertir en realidades.

La observación lleva a la oportunidad, y un buen observador no espera por una oportunidad. La encuentra. Las oportunidades siempre están presentes, quien las está buscando de la manera correcta siempre las encuentra. El problema es que la mayoría de personas buscan las oportunidades para sí mismos, y no se dan cuenta que siempre existe la oportunidad de ayudar a los demás, y es en ese lugar donde las oportunidades para nosotros no tardarán en llegar. La forma más rápida de encontrar una oportunidad es observar a quién puedo ayudar.

En el camino de ayudar a otros a contar su historia, yo encontré oportunidades para contar mi propia historia.

Cuando tú observas en busca de la oportunidad para aportar a las vidas de otros, se incrementan las oportunidades de las personas a quienes puedes conectar para su beneficio, y para el beneficio de las personas con quienes las conectas. Entonces encuentras oportunidades para ti porque las encuentras para ayudar a otros. Siempre hay alguien que necesita lo que solo tú puedes ayudar a obtener.

Nosotros elegimos si vemos las oportunidades o las dificultades, si respiramos o si nos asfixiamos. En verdad, el mundo no siempre es como parece; es como tú lo ves.

Observar es mirar detenidamente el mundo que te rodea, y buscar las oportunidades que hay en él para ti. Hay personas que caminan por la vida sin darse cuenta de lo que son y de lo que tienen. Muchas personas viven dormidas a la observación, pero es en el observar donde reside el mundo de la oportunidad. Siempre hay oportunidades para quien las busca.

Todo gran escritor es también un gran observador, ya que mira detenidamente algo que sucede en el mundo, y luego con sus palabras nos sumerge en el mundo que él observa. Eso es lo más increíble de la observación: mueve al escritor a sumergirse en algo que observa, y luego el escritor nos invita a nosotros a sumergirnos también con él en ese mundo.

Lo fascinante de todo esto es que en ese mundo no tan solo encontramos lo que el escritor encontró, sino que muchas veces también encontramos partes de nosotros que no sabíamos que estaban ahí. Eso es lo que hace una gran historia; no solo nos inspira, sino que también nos encuentra.

Esa es la importancia de la observación. ¿Cuántas veces al mirar a alguien que hace algo que nos inspira, nos encontramos viajando a mundos de posibilidades infinitas? Algunas veces contemplar el arte con el que alguien desarrolla algo, nos lleva a imaginar a nosotros mismos desarrollando nuestro propio arte. Nos lleva a entender que el mejor arte que podemos crear es la historia que queremos contar. Cuando la observación es profunda, también lo será nuestra vida.

Uno de los hechos más relevantes de la vida es que lo que determina tu accionar es tu observar; tu accionar determina tu suspirar. Se puede suspirar por cosas malas, o se puede suspirar por cosas buenas. La decisión está en ti.

PREGUNTAS DE CRECIMIENTO

1. ¿Cuando observo, con qué historias me siento identificado?

2. ¿Qué logro observar dentro de mí?

3. ¿Qué dicen acerca de mí las personas que están a mi alrededor?

4. ¿Qué me impide observarme a mí mismo?

5. ¿Cómo me puedo observar mejor?

"El contar nuestra historia no tiene que ver con lo que vivimos en el pasado, sino con quien podemos ser en el futuro."

—*Xavier Cornejo*

3

UBICACIÓN

Durante mucho tiempo estuve pensando cómo podía despertar ese observador único que hay dentro de cada una de las personas, y ayudarlas a ubicarse en el camino a contar su historia. Como suele ser costumbre, el día más inesperado fue uno de los días que cambió mi vida en gran manera: el martes 29 de agosto de 2017. Tenía que viajar a Orlando temprano en la mañana. Debía estar en el aeropuerto a las 6 a. m., lo cual indica que tenía que salir de mi casa cerca de las 5:15 a. m. En otras palabras, para mí era demasiado temprano para aprender. Sin embargo, aquel día el conductor de Uber que me llevó, cambió para siempre mi manera de pensar y mi forma de observar.

Empecé la conversación como casi siempre que utilizo este servicio: "¿Cómo te va con Uber?". Esto desató una conversación extremadamente interesante. El conductor empezó a comentar que estaba haciendo Uber mientras sacaba su licencia para pilotear, y me contaba que en los fines de semana alquilaba un avión pequeño y volaba a lugares cercanos. De esa manera no era tan caro cada viaje y adquiría horas de vuelo.

Utilicé mi capacidad de observación, que a menudo viene acompañada de indagación y es construida por preguntas, y empecé a preguntar cuáles son algunas de las lecciones más importantes que ha aprendido durante ese tiempo estudiando para ser piloto. Me habló de algunas cosas interesantes, y de repente cautivó toda mi atención cuando me habló acerca de la *consciencia situacional*. Esto fue lo que me dijo. Lo sé porque estaba tomando notas de ello; me estaba dando información que cambiaría mi observación completamente y para siempre.

Consciencia situacional es ser consciente de tu ambiente antes de volar, es saber cómo está el clima, las condiciones en el aeropuerto de salida y en el de llegada. Es estar físicamente relajado, dejar los problemas en casa junto con todas aquellas cosas que te pueden sacar de concentración.

El objetivo es leer bien los efectos del vuelo de día, vuelo de noche, ilusiones ópticas. Si vuelas de noche puedes pensar que estás muy alto cuando ya estás cerca de aterrizar; tu vista hace que la pista se vea ancha cuando es angosta. La orientación espacial es importante porque a veces puedes creer que estás subiendo, pero en realidad estás bajando.

Cuando me dijo esas palabras, mi mente no podía parar de pensar en lo que acababa de escuchar: conciencia situacional y cómo funciona. Recuerdo en esa mañana empezar a leer artículos al respecto y a empaparme de aquel concepto, el cual cambió para siempre mi manera de observar.

OBSERVACIÓN APLICABLE A LA VIDA

La *consciencia situacional* es la percepción y la comprensión de los elementos ambientales y sus variables, su significado y la proyección de ellos a futuro; observar si hay alguna variación en alguno de los elementos. Este concepto nació en el campo de la aviación, y su primera mención se puede rastrear a la Primera Guerra Mundial, y luego en las pruebas que se hacían a los aviones comerciales.[5]

Antes de ser popularmente aceptado este término, lo utilizó la Fuerza Aérea de los Estados Unidos cuando regresaban de la guerra en Korea y Vietnam, donde se determinaba que tener una buena CS era el factor decisivo en el

5. Consultas en línea: https://taylorpearson.me/ooda-loop/; https://en.wikipedia.org/wiki/OODA_loop

combate aéreo, donde la supervivencia era determinada por observar al oponente y anticipar sus movimientos, aunque fuese una fracción de segundo antes que su enemigo.

El Coronel John Boyd desarrolló esta teoría del círculo OODA que quiere decir: *observar, orientar, decidir y actuar*. Él decía que la estrategia ganadora era entrar dentro del círculo OODA de tu enemigo, es decir, de su manera de pensar y moverse. Eso haría que uno fuese mejor al interpretar los movimientos de uno mismo.

Uno de los ejemplos más recientes de la habilidad para usar este modelo en situaciones de emergencia fue lo que se llamó en la prensa internacional "El Milagro del Hudson". El Capitán Sullerberger[6] piloteaba un avión comercial cuando una bandada de pájaros irrumpió dentro de uno de los motores del avión. El motor quedó inservible, creando una crisis que amenazó con causar un gran desastre. El piloto recibió instrucciones de regresar al aeropuerto, pero había tenido un entrenamiento especializado en situaciones de desastre aéreo. En fracción de segundos, basándose en su consciencia situacional, decidió acuatizar en el río Hudson, en Nueva York, salvando a todos los pasajeros y a la tripulación.

Traído a nuestras vidas y a la historia que queremos contar, es inmensurable lo que podemos aprender de este

---

6. Consulta en línea. http://asbinstitute.com/situational-awareness/

modelo de *observar, orientar, decidir y actuar.* Una vez que aprendas esto, tu historia nunca será la misma. Si empleamos el tiempo para observarnos, eso nos ayudará a orientarnos, lo cual nos servirá en nuestra toma de decisiones y en nuestras acciones.

Creo que este sistema OODA debe ser parte de tu manera diaria de vivir. He aprendido que cuando podemos observar dónde estamos y podemos orientarnos hacia dónde debemos ir, eso hace que nuestras decisiones sean más fáciles y que nuestras acciones nos guíen a nuestro destino.

En los modelos de consciencia situacional, la clave de todo es observar dónde estamos y todos los elementos a nuestro alrededor, orientarnos, tomar una decisión, y actuar. Con esta nueva capacidad de observación cada conversación se vuelve un arma poderosa de aprendizaje.

El modelo que más me ha servido para encontrar la historia dentro de las personas es el modelo de la Dra. Mica Endsley. [7]

Este modelo está basado en tres principios que guardan una relación muy aplicable a lo que hacemos cuando

7. Consultas en línea: Modelo de consciencia situacional de la Dra. Mica Endsley, quien presidió SA Technologies, empresa líder en investigación y diseño de conciencia situacional, y fue Científica Jefe de La Fuerza Aérea de los Estados Unidos. https://www.researchgate.net/publication/210198492_Endsley_MR_ Toward_a_Theory_of_Situation_Awareness_in_Dynamic_Systems_Human_ Factors_Journal_371_32-64

contamos nuestra historia: *percepción, comprensión y proyección.*

Si queremos contar al mundo nuestra historia, debemos tener afilada la percepción. Cuando aprendemos a ver todo lo que sucede a nuestro alrededor, eso despertará en cada uno de nosotros la visión de lo que afecta nuestra vida y la de los demás, qué situaciones estamos viviendo, cómo hablan, piensan y actúan las personas en cuanto a nosotros. Desarrollamos la habilidad de leer a otros, de prever por encima de sus acciones y ver más allá de lo que nuestros ojos ven y lo que nuestros oídos pueden oír. Alcanzamos un sentido de alerta porque logramos ver el todo y el detalle. Y ese es el primer paso para ser un gran observador.

Es necesario que siempre mantengamos nuestra percepción para mejorar nuestra observación.

Nuestra percepción debe ser cuidadosa en cuanto a considerar la retroalimentación de nuestros amigos o familiares que, si bien es importante, no siempre es la más sincera. Algunas veces las mejores respuestas para hacernos mejorar vienen de escuchar las críticas o las quejas que recibimos sobre nosotros y nuestras acciones, pues esa es la experiencia real que otras personas tuvieron con nosotros.

Es importante destacar que tan solo porque la experiencia de ellos fue real, no necesariamente es verdad. Pero cuando nuestra percepción está despierta, nos puede mostrar grandes tesoros con los que podemos trabajar. Recuerda que siempre es necesario remover un poco de tierra para encontrar un tesoro.

La percepción nos puede llevar a nuevos lugares en este viaje donde nuestros sueños se cumplen y nuestras metas se alcanzan.

Al narrar mi propia historia y empezar a notar que diferentes personas en diferentes partes del mundo que hablan diferentes idiomas describían las mismas cosas acerca de mí, mi percepción me permitió darme cuenta de esas cosas, y una vez que la percepción se despierta, tu vida se levanta. El enemigo número uno de la percepción es la familiaridad, porque no nos permite ver ciertas cosas que siempre estuvieron ahí, porque creemos que ya lo conocemos todo.

Quien cree que ya lo aprendió todo, quedó preparado para un mundo que ya no existe. La verdad es que el cambio es la constante de la vida, y la percepción nos ayuda a ver el cambio. Es necesario que hagamos preguntas, que estemos atentos. Así, al contar nuestra historia, lo podremos hacer de la manera más efectiva posible.

Tan pronto agudizamos nuestra percepción, la *comprensión* es el segundo paso en la formación de la consciencia situacional. Es cuando empezamos a darnos cuenta cómo aquellas cosas que aprendimos con la percepción afectan nuestros objetivos y nuestras metas. Esto incluye desarrollar una imagen completa, e inclusive del mundo que tenemos alrededor con lo que aprendimos con la *percepción*.

Va más allá de darnos cuenta de que somos buenos para algo, o de descubrir aquello que nos apasiona. Este paso tiene que ver con cómo pensamos al respecto. Tiene que ver con el procesamiento de lo aprendido; la comprensión tiene que ver con el entendimiento de la información que la percepción trajo a mi vida.

Una vez que nuestra percepción se ha despertado y nuestra comprensión ha incrementado, la *proyección* es el tercer paso y el más alto de la consciencia situacional. La *proyección* a futuro resulta de lo que hemos observado, percibido y comprendido, y cómo estos elementos pueden mejorar nuestra vida. Ahora sabemos todo lo que podemos hacer con lo observado y lo comprendido, y podemos pensar en las variables que se pueden dar a futuro. Si sabemos cómo funcionan los elementos, podemos proyectar cómo sería el futuro si empezamos a contar nuestra historia, cómo se vería, cómo la contaría, para qué serviría.

La *proyección* tiene que ver en cómo utilizo el conocimiento y la comprensión que ahora tengo para hacer del mañana algo mejor.

El contar nuestra historia no tiene que ver con lo que vivimos en el pasado, sino con quién podemos ser en el futuro.

Una vez que aprendamos a observar y mirar al futuro, podremos ver un mundo nuevo. Muchos de nosotros hemos pensado en cambiar el pasado, pero ¿cuántos en verdad pensamos sobre cómo construir el futuro?

La *consciencia situacional* es una herramienta tan poderosa, que una vez que la hayamos aprendido y la utilicemos en nuestra vida, nos ayudará a tomar mejores decisiones y nos traerá éxito en la vida.

He aprendido que el éxito viene de una constancia y consistencia de buenas decisiones. Habrá veces que fracasaremos, y habrá veces que fallaremos, pero si aprendemos, nuestras decisiones serán cada vez mejores. Lo importante es que nuestros aciertos sean mayores que nuestros desaciertos; que si nos equivocamos, aprendamos. Como

dicen por ahí, algunas veces ganamos, otras veces aprendemos. No importa cuántas veces fallemos si estamos dispuestos a levantarnos de nuevo, e intentar de una manera
más inteligente con lo que aprendimos de nuestro último
fracaso.

PREGUNTAS DE CRECIMIENTO

1. ¿Dónde estoy en mi historia?

2. ¿Hacia dónde quiero llegar con mi historia?

3. ¿Qué pasos puedo dar para contar mi historia?

4. ¿Qué decisiones debo tomar para contar mi historia?

5. Con lo que ahora sé de mí, ¿qué comprendo mejor de mí?

6. ¿Cómo puedo utilizar lo que he aprendido hasta aquí para contar mi historia?

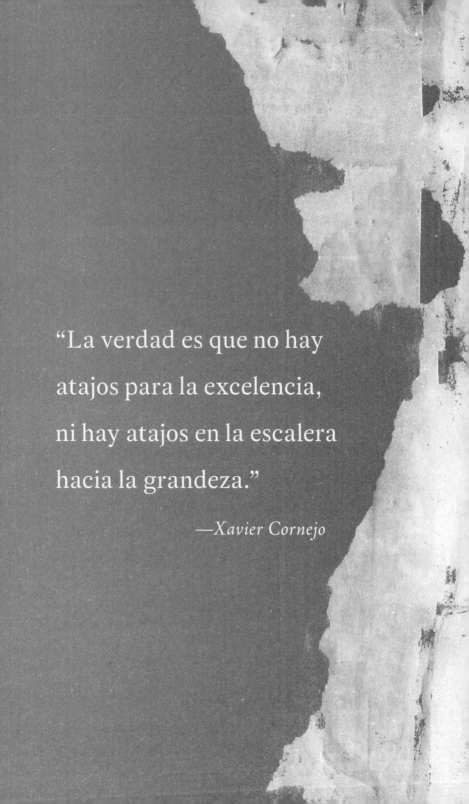

"La verdad es que no hay atajos para la excelencia, ni hay atajos en la escalera hacia la grandeza."

—*Xavier Cornejo*

4

INFORMACIÓN

La información determina nuestras creencias. Aquella información a la que hemos estado expuestos, sea verdad o no, es la base de muchas de las cosas que creemos como realidad. Por ejemplo, muchos de nosotros creemos lo siguiente, y se ha probado incorrecto: [8]

+ El tomate es un vegetal; en realidad es una fruta.

+ Amamos con el corazón; en realidad amamos con el cerebro.

---

8. Consultas en línea: https://www.msn.com/en-us/lifestyle/smart-living; https://en.wikipedia.org/wiki/List_of_common_misconceptions

- El monte Everest es el monte más alto de mundo; no, es el Mauna Kea.

- Los vegetales frescos son más nutritivos que los congelados; no, los congelados nutren mejor.

- Los "hoyos negros" del universo son hoyos; no, son densas masas de materia.

- Los guineos salen de un árbol; no, el guineo es la planta herbaria floreciente más grande de la tierra.

- Tan solo usamos el 10% de nuestro cerebro; falso, usamos todo el cerebro, pero como los "apps", usamos una parte determinada del cerebro según la tarea en la que estemos enfocados.

Lo que te informa te forma, y luego te transforma. Es increíble el papel que la información juega en nuestras vidas y, sin embargo, muy raras veces dedicamos tiempo a entender que la información que recibimos determina la historia que vivimos. Es por ello que cuando unimos la información a la observación y a la pasión para darnos cuenta de cuál es el don que tenemos para contar nuestra historia, la información que recibimos e integramos debe ser confiable y verdadera.

Si bien estás en camino a contar tu historia en cualquier área de la vida, primero es necesario aprender todo lo que puedas acerca de aquello sobre lo que vas a contar. No tan solo eso. Necesitas también aprender acerca de cómo lo vas a contar. Captamos más información cuando despertamos la observación.

He escuchado la misma respuesta de varios de mis autores preferidos y se lo he escuchado a José Luis Navajo en más de una ocasión, cuando les preguntan cómo aprendieron a escribir o cómo piensan de esa manera: "Antes de haber sido escritor, fui lector". Antes de llegar a la grandeza hay que tener la entereza de aprender, aprender mucho y aprender siempre. Siempre busca de quien aprender, aprende de aquellos cuya vida admiras, de aquellos cuyas palabras retumban en tu interior, y de aquellos cuyos pensamientos te llevan a meditaciones profundas. Aprende cómo viven, cómo hablan y cómo piensan.

**No se puede crecer en el exterior
si primero no se ha crecido en el interior.**

Muchos de nosotros creemos que se nos paga el valor de la hora, pero en verdad se nos paga por el valor que nosotros le agregamos a la hora. El aprendizaje debe ser constante y tener propósito, porque cuando dejamos de aprender dejamos de crecer, y si no estás creciendo estás decreciendo.

En un mundo tan cambiante como el nuestro, es imposible permanecer igual.

Al estar en esta etapa donde encendemos nuestra pasión y desarrollamos nuestra observación, es nuestra información la que nos da la dirección. Muchos queremos ser grandes contadores de historias, pero no queremos la disciplina de recibir, administrar e integrar la información.

No se puede llegar a la cima sin el aprendizaje de cómo llegar allá.

Contar una gran historia no tiene que ver tan solo con experiencia, sino también con sapiencia. La mayoría de los logros no se alcanzan tan solo con el querer, sino con el saber y el hacer.

Es interesante que el estudiante conoce todas las reglas, pero el maestro conoce todas las excepciones. Hace algunos años atrás, decidí comenzar un plan de crecimiento anual. Me determiné a aprender una nueva habilidad cada año, y es increíble adonde me ha llevado ese caminar. Las ideas de varios libros han salido de ese andar.

Es necesario tener un plan de aprendizaje. Nada más cierto que esta frase de Jim Rohn: "La educación formal te dará una vida; la autoeducación te dará una fortuna". [9] Esta ha sido una gran verdad en mi vida: terminé en la industria literaria después de haber estudiado abogacía. Ha

9. Consulta en línea: https://www.jimrohn.com/

sido mi autoeducación la que me ha llevado por caminos inesperados.

Quiero ser claro en que de ninguna manera estoy en contra de la educación formal. Creo firmemente que es el camino hacia la historia de nuestras vidas, pero creo que la autoeducación es la que eleva el camino. Cuando aprendemos cosas que otros no aprenden, nos convertimos en un tipo de pensador diferente. Es lo que haces de manera diferente lo que te hace diferente. Nunca dejes de aprender porque la vida nunca deja de enseñar.

La verdad es que no hay atajos para la excelencia, ni hay atajos en la escalera hacia la grandeza.

Una de las mejores maneras de saber qué aprender es empezar a preguntarnos a nosotros mismos: ¿Qué me gustaría saber que aún no sé? Muchos de nosotros buscamos respuestas, pero solo las podremos hallar cuando nos hagamos preguntas. Nuestro futuro es moldeado por la calidad de las preguntas que nos hacemos.

De hecho, el tipo de preguntas que nos hacemos determina el tipo de historia que contaremos y el tipo de vida que tendremos. Encontrar el camino a nuestra historia comienza con preguntarnos: Con la información que tengo hoy, ¿qué tipo de historia puedo contar? Y continúa con: ¿Cómo hago para contar esa historia?

La calidad de la información que recibimos viene de la calidad de preguntas que nos hacemos. Solo podremos decir que estamos en una búsqueda de significado cuando tengamos el valor de hacernos preguntas que nos llevarán a esos resultados.

La información es la ruta que da comienzo al conocimiento, y el conocimiento le abre la puerta a la sabiduría. Antes de ser sabio hay que tener información, ya que sin información no se puede tomar ninguna decisión. Una de las grandes cualidades de un escritor es tomar la información, transformarla en conocimiento y compartirla como sabiduría. El aprender nos lleva al saber, que es lo que nos lleva al hacer.

SABIDURÍA PARA CONSTRUIR

Recibí una gran enseñanza de mi amigo Sam Chand: "No toda gran idea para ti va a provenir de ti". Deja que esa verdad penetre en lo más profundo de tu ser. Algunas veces las mejores ideas para la historia de nuestra vida vienen de otras personas que nos han observado. Hay que tener sabiduría para saber qué ideas permitir en tu vida. Si esa idea está de acuerdo con tu esencia, con quién tú eres y con lo que te apasiona, y te muestra nuevas posibilidades, debes correr con ella. Más allá de la información y el conocimiento está la sabiduría. La sabiduría es lo que aprendiste del pasado para aplicar en el presente.

La sabiduría es la que nos ayuda no solo a contar nuestra historia, sino a construir nuestra historia. La sabiduría no tiene que ver con conocimiento, sino tiene que ver con aplicación; es la sabiduría la que nos muestra que todo aquello que queremos construir siempre nos tomará más tiempo del que esperamos y nos costará más de lo que calculamos. La sabiduría nos prepara para el camino y nos hace llevar más de lo necesario; la sabiduría tiene que ver con identificar cómo aplicar principios, saber en dónde buscar, saber a quién escuchar, saber cuándo hablar, y saber cuándo callar. La sabiduría siempre encuentra un camino hacia fuera, ya que proviene de mirar hacia arriba.

Las ideas se convierten en sabiduría cuando la ejecución permite su aplicación.

Se requiere sabiduría para saber que no todo está ya escrito, que no es demasiado tarde para comenzar a escribir, que mientras haya aire en nuestros pulmones habrá vida en nuestros corazones, que nuestra historia puede cambiar, que el futuro no necesita ser una repetición del pasado.

Muchas personas no se atreven a contar su historia porque creen que sus mejores días están atrás. La sabiduría te dice que tu mejor historia aún está por escribirse, porque hoy sabes lo que antes no sabías, y puedes escribir la historia de tu vida con más inteligencia, con más experiencia. Hoy eres lo más sabio que has sido jamás y lo menos sabio que serás en el futuro.

Un error en el pasado no es más que experiencia para el presente y sabiduría para el futuro. Cualquier escritor que quiera trascender con su escritura debe tener a la sabiduría como acompañante. Si la sabiduría no acompaña su escrito, su contenido se disipará por las aguas de la vida. La sabiduría tiene que ver con saber las consecuencias futuras de mis decisiones presentes, y saber que las semillas de hoy me conectan con las cosechas del mañana. Quien es sabio valora la semilla, porque lo que está dentro es más grande que lo que se ve por fuera.

De la misma manera, la historia dentro de ti es más grande que lo que ves fuera de ti. Pero en su debido tiempo, en el tiempo de la cosecha, si has cuidado de la semilla, la cosecha se encargará de sí misma. Nunca descartes tu historia porque solo logras ver una pequeña parte de ella. Aun la semilla necesita un poco de tierra antes de ver la luz y crecer.

De la misma manera, tu historia puede que no haya sido la que querías contar, pero si la riegas y la siembras, algún día será todo aquello que esperabas y más. Igual que lo que está dentro de una semilla es más grande que ella misma, lo que hay dentro de ti es más grande que tú.

Todo escritor necesita tener la sabiduría para contar su historia, para escribir su libro de una manera que invite al lector, pero al mismo tiempo que lo desafíe a pensar de una manera diferente. Sobre todo, debe iluminar un camino que el lector antes no veía, y lograr que pueda caminar por él hacia un mejor mañana. Toda historia debe hacer lo mismo por las personas que leen la historia. La sabiduría es la guía que nos ayuda a pensar, plantar, crecer y avanzar. Tu mensaje es tan importante que requiere toda la sabiduría que puedas adquirir para que puedas en los corazones de los lectores escribir.

Toda vida debe ser guiada por la sabiduría, pero caminada por el valor.

Mi mayor consejo para construir tu historia es no permitir que tu información sea tu conclusión final, sino más bien tu impulso inicial. No se puede tener una vista diferente desde la misma montaña. Para tener nuevas y más emocionantes vistas hay que escalar a nuevas alturas. Para llegar a la cima, hay que caminar cuesta arriba.

PREGUNTAS DE CRECIMIENTO

1. ¿Qué me gustaría saber que aún no sé?

2. ¿Tengo un plan de aprendizaje?

3. ¿Qué información me llama la atención?

4. ¿Cómo se ha convertido la información en sabiduría en mi vida?

5. De acuerdo con mi pasión, ¿qué tipo de información necesito?

6. ¿Qué información necesito para desarrollar mis fortalezas?

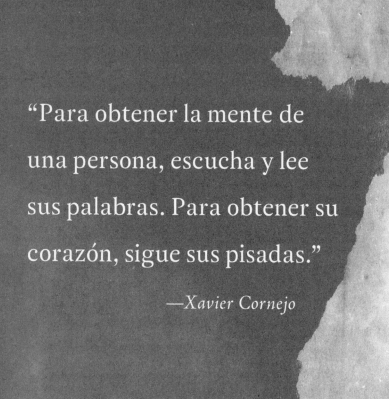

"Para obtener la mente de una persona, escucha y lee sus palabras. Para obtener su corazón, sigue sus pisadas."

—*Xavier Cornejo*

5

PERSONAS

La historia que contamos depende de las personas de quienes nos rodeamos. Una gran historia no puede ser contada solos. Nada que valga la pena alcanzar se puede alcanzar solo.

Toda historia tiene personajes principales y personajes secundarios, pero todos tienen una gran importancia; unos nos inspiran, otros nos enseñan; otros son nuestra oportunidad; o somos nosotros la oportunidad de otros. Necesitamos de los demás de la misma manera que los demás necesitan de nosotros. Estoy seguro de que la historia que tú cuentes de tu vida se enlazará con la historia que otros cuenten de su vida.

Hace un poco más de catorce años me encontraba en la universidad estudiando Derecho, una carrera que me gustaba mucho, pero en la cual no estaba mi corazón. Mis padres, como ya comenté, habían recibido las licencias para publicar a un escritor llamado Edwin Louis Cole.[10] De repente me encontré sumergido en los pensamientos de aquel hombre. Tenía algunas de las frases más increíbles que había escuchado jamás, como "nunca permitas que otros creen tu mundo, porque siempre lo harán demasiado pequeño". Esas palabras hacían eco en mi alma y en mi corazón, y cada oración que destilaba de aquellos libros se iba haciendo parte de mí.

Nada que valga la pena alcanzar se puede alcanzar solo.

Sus escritos despertaron en mí algo que se encontraba dormido. Fue él quien a través de sus libros se convirtió en mi primer mentor. Cada libro suyo que leía hacía un impacto profundo en mi vida. Era como si él hubiese

---

10. Edwin Louis Cole es el fundador de la Red de Hombres Cristianos (Christian Men's Network), ministerio internacional para hombres. Es autor de decenas de libros traducidos en más de 40 idiomas distribuidos alrededor del mundo.

dejado huellas a propósito por las cuales yo debía caminar. Lamentablemente nunca pude conocer al Dr. Cole, pues falleció el año que debía visitar Ecuador, y fue ahí cuando me di cuenta que la historia que contamos debe ser una huella para que otros puedan caminar.

Ninguna historia que no se vivió se contó. Fue leyendo a Ed Cole que aprendí que aquellas palabras de Oliver Wendell Holmes son verdaderas: "La mente se estira por una nueva idea o sensación, y nunca se contrae de nuevo a sus antiguas dimensiones".

Unos pocos años después asistí a una conferencia de la familia Cole en Dallas, Texas, y mientras esperaba a que me recogieran en el hotel, conocí a un hombre de aspecto amable, muy elegante. Cuando llegó nuestro transporte estábamos en el mismo auto, y él me comenzó a hablar en español. Fuimos conversando todo el camino hacia el lugar de la conferencia. Por supuesto, la conversación fue sobre el tema más importante que se pueden imaginar: ¡comida mexicana!

Al llegar al lugar cada uno fue por su lado a escuchar a los diferentes conferencistas, cuando en la noche siguiente, anunciaron al orador principal. Para mi sorpresa era el hombre con quien había conversado el día anterior. En su charla había tanta sabiduría que no podía dejar de pensar y profundizar cada palabra que esa noche se dijo; su nombre es Dr. Dale Bronner.[11] Tan pronto terminó su charla me acerqué a él, y le pregunté si tenía libros y si yo los podría traducir al español. Para mi sorpresa me dijo que sí, y que había estado buscando a alguien que publicara sus libros en español. Le dije que yo con gusto lo haría, y así me dio los permisos para tener sus libros en español. No le pedí nada para hacerlo; tan solo quería servirle. Fue a través de ese servicio que se me abrió la oportunidad de que Dale Bronner fuera mi mentor.

Fue ahí cuando aprendí algunas de las lecciones más importantes de la vida. Muchos de nosotros no encontramos nuestro propósito porque el mismo se encuentra en el menos común de los lugares: ese lugar se llama servir a los demás.

El Dr. Dale Bronner fue invitado a un evento donde hablaría un multimillonario. Bronner pensaba: "¿Qué necesidad puede tener un multimillonario?". Cuando llegó al evento, lo acompañaron a la mesa donde debía sentarse. Entonces observó que al multimillonario le sirvieron una taza de café humeante en un vaso desechable, y se estaba quemando los dedos cuando intentaba agarrar el vaso.

Bronner pudo pensar que no trabajaba allí y que no tenía que hacer nada, pero vio la oportunidad y corrió a

---

11. El Dr. Dale Carnegie Bronner es fundador y obispo de Word of Faith Family Worship Cathedral en Georgia, y autor del libro *Principios y poder de la sabiduría*, Whitaker House, 2018.

aprovecharla. En la vida, si buscas las oportunidades solo en las cosas muy grandes, puedes perderte las oportunidades que llegan con las cosas simples. Alcanzó una taza de cerámica, y vació en la taza el café del multimillonario, quien reconoció el gesto.

Al lado del multimillonario había una silla vacía y este le invitó a sentarse junto a él. Conversó largamente con él, y le compartió principios de vida y de negocios que hubieran costado cientos de miles de dólares; todo porque vio una necesidad y simplemente la cubrió. Encontró una gran oportunidad, buscando cómo servir.

Creces de manera exponencial cuando sirves a personas grandes y ayudas a personas pequeñas.

Muchas personas me preguntan: ¿Cómo puedo encontrar un mentor? O dicen cosas como: "No encuentro a nadie para que sea mi mentor". El problema de aquellas personas es que tienen una noción equivocada de lo que es un mentor. Creen que un mentor es aquella persona que está a su lado presencialmente enseñándole todo lo que sabe, o cómo hacer las cosas.

Yo aprendí que un mentor no necesariamente tiene que estar de manera presencial enseñándonos todo lo que sabe. Un mentor puede ser toda aquella persona de quien aprendes, sin importar si es presencial, o a través de sus libros o charlas. En nuestros tiempos puede ser a través de sus *tuits* o publicaciones en Facebook. Un mentor puede ser continuo o incidental, no necesariamente presencial; y en diferentes temporadas de tu vida puede aparecer un mentor para guiarte en ese momento, en algo específico. Las personas inteligentes nos dan conocimiento y nos dicen lo que es posible; los soñadores nos dicen cómo alcanzar lo imposible.

Para contar nuestra historia necesitamos personas que nos ayuden a crecer, que expandan nuestra manera de pensar. Lo que encuentro frecuentemente es que muchas personas admiran a otras por las palabras que utilizan y las oraciones que crean. Todo eso está bien, pero lo que nos desarrolla no son las palabras que leemos ni escuchamos, sino los pensamientos que tenemos.

No basta con admirar ni adoptar las palabras de las personas extraordinarias que podrían ser nuestros mentores. Lo que nos enriquece de ellos, lo que los convierte en mentores nuestros, es que nos adentremos en conocer su manera de pensar: qué pensamientos los han llevado al lugar donde están; qué pensamientos reflejan su gran sabiduría; cómo es su proceso de pensamiento, eso que yo debo aprender y aplicar para inspirarme, cambiar mis pensamientos, y llegar hasta donde ellos han llegado, al lugar donde yo quisiera llegar.

Nuestra vida no cambia por las palabras que utilicemos, sino por los pensamientos que tenemos. Por eso cualquier persona se puede convertir en tu mentor cuando analizas, no solamente su manera de hablar, sino su manera de pensar. Sus palabras son brillantes, pero la verdadera pregunta es: ¿Cómo llegó a esa conclusión? ¿Cómo observa él o ella una situación?

**El mentor tiene riqueza en su hablar,
pero su grandeza es su proceso de pensar.**

Por eso elijo aprender a pensar como mis mentores, porque ahí está su genialidad.

Las personas son importantes porque nos conectan a nuestro destino. No se puede contar una gran historia sin personas de quienes aprender, y sin personas a quienes servir. De hecho, tu historia es demasiado pequeña si es tan solo para ti. Las personas nos ayudan a crecer y a florecer.

Nunca podrás llegar solo a la cima más alta. Hay personas que te pueden ayudar a escalar, a respirar para que puedas llegar allá y mantenerte, porque *"hay menos oxígeno en la cumbre"* (Sam Chand). Hay algo en las personas grandes que nos expanden, sus ideas, su manera de pensar nos inspiran a crecer, a crear y a contar una gran historia. Lo opuesto también es verdad. Hay personas que te pueden desviar de tu destino, que pueden hacer que en vez de tener una gran historia te encasillen a tener una pequeña historia. Es importante aprender a elegir de quién quieres aprender. No se puede ser una persona pequeña cuando se anda con personas grandes y no se puede ser una persona grande cuando se anda con personas pequeñas.

Hay algunas preguntas que nos podemos hacer para saber esto, por ejemplo: ¿Qué me inspira esta persona? ¿Por qué me inspira? ¿Dónde está esta persona? ¿Cómo llegó ahí? Este es un análisis importante porque siempre habrá personas a nuestro alrededor diciéndonos qué debemos hacer para contar nuestra historia de manera exitosa, pero ellos nunca han contado la suya.

Nunca confíes en una persona que jamás ha fracasado. El fracaso muchas veces no es más que la evidencia del valor para intentar, para aprender, y para levantarnos nuevamente. Quien nunca falló nunca se cayó, lo cual me dice que nunca intentó nada grande. La grandeza no viene del éxito, sino del aprendizaje de intentos fallidos.

Hace unos años atrás, como parte de mi plan de crecimiento personal, tomé un curso de *Storybrand* (sistema con marca registrada) de Donald Miller,[12] y aprendí los pasos que generalmente toda película utiliza. Algo que llamó mi atención sobremanera fue el hecho de que en toda historia existe un héroe, pero también siempre existe un guía.

El guía es alguien que ya alcanzó lo que el héroe quiere alcanzar, alguien que ya pasó por ahí, y ese guía puede venir de muchas maneras, pero el éxito de la historia siempre está basado en la dirección del guía, de la misma manera que el éxito en nuestra historia dependerá de la dirección que nos den nuestros guías

Por ejemplo, al escribir un libro, siempre se necesitan más personas que tan solo el autor: se necesita un editor, un corrector, un diseñador, y otras personas que, en equipo, logran que un libro esté disponible. De forma similar, en cualquier industria se necesita de muchas personas para el éxito de un producto.

Cuando hablamos de personas, no me refiero tan solo a las personas a quienes seguimos, sino a las personas a quienes servimos.

¿Se han dado cuenta alguna vez de que las historias más inspiradoras son aquellas en las cuales el riesgo es mayor que un riesgo únicamente personal? Toda gran historia debe ser contada para inspirar a la humanidad y no tan solo para satisfacer tu necesidad personal. Solo cuando

---

12. Donald Miller es el autor de *Aterradora Cercanía*, Whitaker House, 2018.

pensemos en grande, cuando pensemos en los demás, nos convertiremos en héroes, y como decía Edwin Louis Cole: "Héroes son los hombres que actúan en un momento dado sobre una necesidad más grande que ellos mismos".[13] Contar tu historia es importante solamente cuando ayuda a inspirar y a transformar la vida de los demás. La grandeza tan solo se alcanza cuando otros son inspirados por tu historia; tu historia debe cambiar la historia de los demás.

La grandeza tan solo se alcanza cuando otros son inspirados por tu historia.

13. *Hombres fuertes en tiempos difíciles*, Whitaker House, 2016.

PREGUNTAS DE CRECIMIENTO

1. ¿A quién escuchas y sigues, que puedes llamar "mentor"?

2. ¿Quién podrá ser tu mentor para contar tu historia?

3. ¿Para qué necesitas un mentor?

4. ¿Por qué te inspiran las personas que te inspiran?

5. ¿Dónde están esas personas?

6. ¿Cómo llegaron ahí?

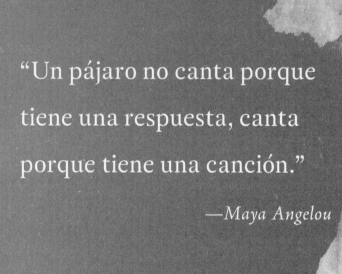

"Un pájaro no canta porque
tiene una respuesta, canta
porque tiene una canción."

—Maya Angelou

6

DON

¿Estabas bailando también? Es con frecuencia la pregunta que hacen los jueces de "La Voz" (The Voice).[14] La pregunta la hacen después de que la persona cantó mientras ellos estaban de espaldas. La razón por la cual hacen la pregunta es porque escuchan cómo el cantante se queda sin aliento para cantar porque estaba bailando, y aunque tienen buena voz, el hecho de que están bailando hace que la voz no tenga todo el poder que podría tener para que los jueces pulsen su botón e inviten a esa persona a ser parte de su equipo. Esto me hace preguntar lo siguiente: ¿Si en

14. Programa de televisión transmitido por NBC desde los Estados Unidos, donde una persona canta frente a unos jueces que están de espaldas.

la vida asistimos a un concurso de canto, por qué estamos bailando? Creo que muchas veces estamos bailando bajo la lluvia cuando debíamos estar cantando bajo la lluvia.

Lo que quiero decir con esto es que si estás persiguiendo ser el mejor en algo, ¿por qué no te dedicas completamente a ese algo? Después de todo, nadie puede ser grande en todo. Siempre siento la mirada fija de las personas cuando hablo de este tema, pero no es una mirada de interés, sino una que dice "este tipo está equivocado". Acompáñame en esto, ¿por qué se recuerda a los grandes personajes de la historia? ¿Por todo lo que sabían hacer o por algo que hacían extremadamente bien? Por ejemplo, ¿por qué se recuerda a Leonardo da Vinci, a Benjamín Franklin, a Thomas Alva Edison?

Conozco personas que desde pequeños soñaron con hacer lo que hoy hacen, y eso para mí es digno de aplaudir, un enfoque absoluto, pero no es mi caso. Tratando de buscar en los recuerdos de mi niñez con qué soñaba, se me hacía difícil recordar alguna profesión. Pregunté a mis padres y me dijeron varias cosas, pero ninguna parecía resonar en mi interior, hasta que recordé que siempre soñé con la aventura de buscar, en las montañas más altas donde las cascadas de agua cristalina caen sin preocupación y las aves vuelan libremente, a un sabio. Siempre me llamó la atención, siempre que soñaba despierto ese era uno de mis lugares favoritos.

Tenía una cierta fascinación con encontrar a aquel hombre anciano, sin cabello y con una gran barba larga, que lo supiera todo y que me hablara en acertijos. En ese tiempo creía que la sabiduría tenía que ver con conocimiento; hoy sé que tiene que ver con aplicación, sin embargo, la imagen de esa búsqueda estaba en mi mente desde pequeño.

Cuando pienso en la palabra con la cual quiero que mi vida sea recordada, esa palabra es "sabiduría". No estoy seguro de que esa palabra me haya escogido a mí, pero sé que cuando alguien piense en mí, esa es la palabra que quisiera que les llegue a la mente. No sé si algún día llegaré, pero pienso trabajar con todas mis fuerzas para que así sea, y quizá habrá voces que me dirán: "Tú jamás podrás reflejar esa palabra". Es triste que algunas veces son las personas más cercanas las que menos creen en nosotros, pero cuando escuchas a tu corazón y no permites palabras extrañas en tu razón, no tengo duda de que podrás alcanzar aquella palabra con la cual quieres que tu nombre o tu historia se relacionen. Me doy cuenta hoy que la palabra sabiduría estuvo siempre en mi interior.

Por eso no me sorprendo cuando pienso que cada uno de nosotros debe ser asociado a una palabra, y cuando hablo con mis autores les pregunto: "¿Con qué palabra quieres ser asociado?". Creo que esta palabra es necesaria en cada uno de nosotros. Por ejemplo, cuando pienso en John Maxwell pienso en liderazgo; cuando pienso en Rick Warren pienso en propósito.

Esa palabra que describe tu vida, es tu línea. Para tu libro, como para tu vida, es necesario que aprendas cuál es tu línea. Encuentra tu línea y corre con ella.

> **Para tu libro, como para tu vida, es necesario que aprendas cuál es tu línea. Encuentra tu línea y corre con ella.**

La razón por la cual es muy difícil para muchos de nosotros encontrar nuestra línea es que hay varias cosas que nos gustan y muchas cosas en las cuales somos buenos. Pero hasta que no podamos identificar aquella única cosa que nos enciende más que las demás, estaremos estancados en la mediocridad de muchas cosas, en vez de llegar a la excelencia de una sola.

El primer paso para poder escribir tu gran historia es analizar tu línea. El problema con el que frecuentemente me encuentro es que las personas no conocen su línea, y al no conocer tu línea, tu campo de acción, tu contenido no puede ser el mejor, porque quizá sin querer estás escribiendo tu historia con temas que te gustan, pero no te apasionan.

Analizar tu línea tiene que ver con encontrar el área que más te apasiona y dedicarte tan solo a ella. El analizar tu línea te lleva a encontrar el mejor campo de acción para tu escritura. Analizar tu línea te permite enfocarte mejor.

El enfoque no tiene que ver con mayor intensidad, sino con mayor intencionalidad.

Al encontrar tu línea puedes enfocarte, y el enfoque es el arte de decir que no a buenas oportunidades para decirle que sí a tus metas y a tus sueños. Como dice Michael Hyatt:[15] "A mayor enfoque, mayor impacto".

A la mayoría de nosotros nos cuesta encontrar nuestros dones y talentos. Aún más nos cuesta encontrar nuestra propia línea, simplemente porque queremos encajar en un sistema que ya está creado, y no nos atrevemos a pensar fuera del molde. Lo más probable es que aquella cosa especial para la cual tú naciste, aún no haya sido creada por nadie, y está en el espacio esperando por ti, a que tú la definas y seas el mejor en ello.

---

15. Autor de *Tu mejor año*, Whitaker House, 2018.

Eso me recuerda lo que sucedió con mi amigo Sam Chand. Él quiere estar en la categoría de liderazgo, esa es su línea, pero cuando leí sus libros y analicé su estilo de liderazgo me di cuenta de que su línea es aún más pequeña que la línea de liderazgo. Su línea es liderazgo práctico. Esa categoría de libros no existía, nadie la había tomado. Quizá algunas personas hayan pensado en ella, pero nadie le dio forma, así que yo decidí, sin permiso de nadie, crear una categoría de libros que se titula *Liderazgo Práctico*,[16] ¡y adivinen quién es el escritor número uno en Liderazgo Práctico! Exactamente: Sam Chand.

Es interesante cómo en cualquier campo de la vida nos sentimos atraídos a ir a los expertos. Por ejemplo, no vas a ir a un neurocirujano si tienes un problema en el pie. Vas a ir a un médico experto en ello: un ortopeda podiatra. Prefieres leer lo que Usain Bolt[17] tiene que decir acerca del atletismo que lo que tiene que decir acerca del básquetbol. Prefieres leer a un experto en liderazgo hablar de liderazgo que de entrenamiento físico.

Observa todo en lo que puedes llegar a convertirte si te enfocas en encontrar tu línea.

---

16. *Liderazgo Práctico*, Whitaker House, 2018.
17. A Usain Bolt se le conoce como el ser humano más veloz del mundo. Tiene un récord mundial en los 100 metros, 200 metros y relevo de 4x100. Es campeón olímpico de tres Olimpiadas. Consulta en línea: https://www.biography.com/people/usain-bolt-20702091

Hemos hablado sobre la pasión, y luego sobre la observación. Espero que para este momento sepas ya qué es lo que arde en tu corazón. Siempre debes estar listo para cantar tu canción con toda la pasión y con todo el corazón. No permitas que las voces que te dicen "tú nunca podrás ser el mejor" apaguen la llama que quema en tu interior, aquella llama que alumbrará el mundo entero.

**Reduce a una sola cosa tu línea;
aquella línea que define lo que naciste para hacer.**

La razón por la cual muchos caminamos por una senda oscura y sin encontrar nuestro don, es porque en algún momento alguien apagó la llama que había en nuestro corazón.

Es tiempo de que ese fuego queme nuevamente, de que se encienda de tal manera que puedas empezar a ver tu camino. Así, cuando llegues a la competencia de canto podrás cantar con todo tu ser, con toda tu alma, con toda tu pasión.

Si vas a una competencia de baile, podrás bailar como si nadie te estuviera viendo, con alegría en el interior, porque sabes que bailar de esa manera te hace feliz. Si vas a pintar, pinta con todo lo que tienes.

La única opinión que importa es la tuya, porque cuando Dios te creó, ya dio su opinión acerca de ti. Cuando puso talentos, ya sabía hacia dónde tú ibas. Para Él no es sorpresa que quieras cantar, bailar, dibujar, escribir, administrar, vender, construir. Todo lo que hay dentro de ti, Dios lo puso para que puedas construir en la tierra todo aquello que sueñas construir; para que puedas gritarle al mundo: "Esta es mi historia, este soy yo, y nada ni nadie me puede parar al escribir mi historia en las páginas de la vida". Son tus dones sumados a la disciplina los que te permiten escribir tu historia.

El ruido a tu alrededor es tan solo una excusa que te distrae. Uno puede ser "elite" en una sola cosa. Encontrar tu línea te ayudará a ser experto en un área específica, y al ser experto en esa área, tu escritura sobre ese tema será mucho más impactante para cualquier persona que te lea, porque ahora leerá la opinión o la recomendación de un experto.

Cuando creas tu línea, cuando defines tu espacio, puedes ser el mejor en esa categoría. Nadie podrá competir contigo, porque no hay nadie más ahí. Tú serás la autoridad en ese espacio. Así que no esperes a llegar a una posición que ya está definida. Define tú cuál será tu posición, y cuál será tu espacio; en qué lugar quieres ser un experto.

Para que puedas seguir adelante y descubrir tu don, una de las maneras a través de las cuales puedes encontrarlo es haciéndote preguntas como estas: ¿Qué es lo que más me apasiona? ¿Si pudiera hacer una sola cosa en mi vida, qué haría? Cuando hablo acerca de mí mismo, ¿en qué palabra me veo reflejado?

Define tú cuál será tu posición, y cuál será tu espacio; en qué lugar quieres ser un experto.

Una vez que hayas encontrado tu don, una vez que tu línea esté clara, el siguiente paso a seguir es expandir tu capacidad. Cuando hablo de enfocarte en una sola línea no estoy hablando de no crecer en otras áreas de nuestra vida, pero que tu enfoque esté en aquello que quieres lograr, en aquella historia que quieres contar. Creo que todos debemos saber un poco de muchas cosas, y mucho de pocas cosas. Es en este lugar donde puedo crecer de manera intencional. A mayor cantidad de conocimiento que tenga sobre un tema, mayor calidad de expresión tendré ese tema. Eso hace mucho más importante lo que tengo que decir.

Similar a lo que referimos en el primer capítulo, Malcolm Gladwell, en su libro *Outliers* (Fuera de serie),[18] nos habla sobre lo que se requiere para ser un experto en un tema específico, y dice lo siguiente: "De hecho, a la edad de veinte, cada uno de los violinistas elite han acumulado

18. Versión en español publicada por Debolsillo, 2017.

diez mil horas de práctica". Y más adelante menciona lo siguiente: "El cuadro que emerge de dichos estudios es que se requieren diez mil horas de práctica para adquirir un nivel de maestría asociado con ser un experto de clase mundial en cualquier campo, escribe el neurólogo Daniel Levitin".

El puente entre el talento y la habilidad se llama práctica, y el puente entre habilidad y maestría se llama tiempo.

Si se requiere diez mil horas de práctica para ser un experto de clase mundial en un tema específico, ¿a cuántas cosas le puedes dar ese tiempo? Es por eso que insisto en que encuentres tu línea, y luego expandas tu capacidad en esa línea. Eso te llevará a alturas diferentes, ya que no puedes ver nuevos paisajes desde la misma montaña. Si quieres volar más alto y contar tu historia de tal manera que se necesiten varios tomos para contarla, ten el valor de tomar la decisión de cortar cosas buenas para perseguir cosas mejores. Aprende, practica y crece, son tres palabras que deben ir juntas en la historia de tu vida.

Si quieres contar una gran historia, desarrolla tu don.

¡Vive de tal manera que nadie pueda contar una historia pequeña sobre la historia de tu vida!

PREGUNTAS DE CRECIMIENTO

1. ¿Qué es lo que más me apasiona?

2. ¿Si pudiera hacer una sola cosa en mi vida, qué haría?

3. ¿Cuando hablo acerca de mí mismo, en qué palabra me veo reflejado?

4. ¿Identifico mi línea?

5. ¿Cómo pienso que llegaría a ser "el mejor"?

6. ¿Qué es lo que hago diferente, o extremadamente bien?

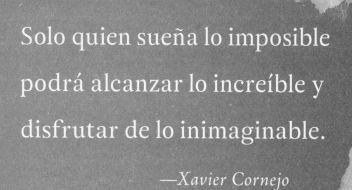

Solo quien sueña lo imposible
podrá alcanzar lo increíble y
disfrutar de lo inimaginable.

—*Xavier Cornejo*

7

SUEÑOS

"Cuéntame tus sueños, y te leeré el enigma de tu vida. Cuéntame tus oraciones, y escribiré la historia de tu alma. Cuéntame lo que pides, y te contaré lo que obtienes. Cuéntame lo que buscas, y te diré lo que eres...No deseo conocer tus posesiones...solo tus deseos. No me interesa saber lo que tienes; ni tus logros, sino lo que no has logrado y aún persigues; eso que alcanzas de día en tus victorias y de noche en tus sueños; el ideal que pones ante ti, las cosas que apruebas como excelentes, aquello tras lo que vas, y a lo que has dado tu corazón... esa es la medida de un hombre."   —Anónimo

Soñar nos da una razón para levantarnos cada día. Nuestros días más oscuros pueden ser iluminados por la luz de nuestros sueños. No hay nada que un soñador no pueda alcanzar cuando pone sus pies a trabajar. Soñar es el combustible que me enciende cada día. Sin importar mi situación, puedo soñar con un mañana mejor.

Soñar es imaginar el futuro, es ver en nuestro interior lo que podemos construir en nuestra vida, es ver con el corazón y no con la razón.

La creatividad es la habilidad de ver lo imposible; el sueño es el combustible para hacerlo posible.

Quien pierde su capacidad de soñar pierde su capacidad de vivir una vida al máximo porque los sueños están íntimamente ligados a la pasión; quien es apasionado generalmente es un soñador, porque se apasiona por alcanzar sus sueños.

Debemos soñar no solo para descansar, sino también para vivir. Los sueños hacen la diferencia entre tener una buena vida y meramente existir.

"Los sueños son la substancia de todo gran logro", decía Ed Cole. ¿Qué historia sueñas vivir? ¿Qué historia te puedes ver contando a tus hijos? Cada uno tiene diferentes sueños, y hay sueños para cada uno. El problema está en

que cuando dejamos de soñar, dejamos de vivir. La vida se vuelve gris para aquellos que han perdido su capacidad de soñar, aquellos que se vuelven presos de la realidad y creen que el soñar no es para ellos, es para otros. Lo lindo de los sueños es que son para todos.

En algún momento durante nuestro crecimiento, le fuimos creyendo a la razón y olvidamos lo que nos decía el corazón. El soñar nos llena de vida, nos llena de futuro, nos llena de esperanza. Siempre debemos tener un sueño en el corazón que trascienda lo que nos diga la razón.

Durante mis años escolares y universitarios siempre divagué a otros mundos. Recuerdo de repente volver dentro de mí, y no recordar nada de lo que acababa de estudiar. Tenía que regresar varias páginas para entender dónde estaba, no sabía cómo había llegado ahí, pues le había dado rienda suelta a mi imaginación. Me encontraba en otras tierras viviendo aventuras que en esos textos no existían, soñando con historias que me encendían el corazón.

Soñar despierto parecía ser entonces una debilidad, pero con el tiempo aprendí que no es una debilidad, sino una fortaleza. Mis sueños tienen toda mi atención, y me despierto día a día con esos sueños dentro de mi visión. Hoy sé que ser un soñador ha sido una de mis mayores fortalezas. **Para ser un soñador se tiene que ser un visionario,**

*ya que visión es descubrir nuestros sueños y tomar la deci-
sión de convertirlos en nuestro destino.*

Uno de los grandes problemas que tenemos con respecto a los sueños es que nosotros mismos no creemos que
podemos alcanzarlos, que son demasiado lejanos. Muchas
personas piensan que deben llegar a cierta edad o a cierta
posición en la vida para luego decir: "Ahora estoy en un buen
momento como para retirarme y perseguir mis sueños".
Pero la triste realidad es que nunca lo hacen. Ed Cole solía
decir que "nunca seremos demasiado jóvenes o demasiado
viejos, demasiado pobres o demasiado ricos como para que
Dios no nos ayude a alcanzar nuestros sueños".

**El pasado es un conjunto de recuerdos, el futuro es
un conjunto de sueños, y el presente es la realidad
donde los recuerdos viven y los sueños se crean.**

Disfruta tus recuerdos y abraza tus sueños.

Se me hace triste saber que tan solo el 37 por ciento de
las personas entre los 50 y los 64 años recién se animan a
perseguir sus sueños, cuando hubieran podido darles sus
mejores años a perseguir sus sueños y no se los dieron[19].

19. Consulta en línea. https://www.cnbc.com/2016/05/12/what-retirement-
americans-keep-working-to-pursue-dreams.html

Ahora quizás su energía ya no está en su punto más alto, o su físico no les permite darlo todo. Es porque en vez de perseguir lo que tenían en su interior, se quedaron en una tierra que parecía segura, pero la seguridad no alcanza sueños.

¿Por qué las personas abandonan sus sueños? Porque temen que sus seres queridos los juzguen por fracasar; dan a otros el poder de influenciar sus decisiones; fracasan una vez y no lo vuelven a intentar; no aprenden a disciplinarse; les preocupa más el resultado final y no el proceso; no creen en ellos mismos; se rodean de personas negativas; deciden que las personas no entenderán su sueño y lo abandonan; no tienen un camino garantizado para lograr el éxito; prefieren conformarse con recompensas a corto plazo; y otras razones.[20]

La seguridad generalmente nos lleva a una vida donde todos los días son iguales. De hecho, una de las maneras de saber que has dejado de soñar es cuando todos los días tienes la misma rutina, sabes cómo será todo el día y no existe ni siquiera una chispa de emoción. El día de un soñador es inesperado, porque cualquier paso que da dentro del día puede llevarle a alcanzar sus sueños, a buscar sueños nuevos, a aventurarse más profundamente, a tomar el lápiz de su vida y a escribir la historia que antes solo soñaba.

---

20. Consulta en línea. https://www.inc.com/nicolas-cole/15-sad-reasons-people-give-up-on-their-dreams.html

Nuestra vida es el lápiz con el cual escribimos nuestra historia, con el que pintamos nuestra vida.

Debes tener el valor de que la voz de los sueños retumbe más alto en tu mente que las voces de los demás. Cuando escuchas la voz de tus sueños, las voces de las personas que no creen en tus sueños o las voces que te dicen que alcanzar lo que sueñas es imposible, se desvanecen como espuma en el aire.

**Nuestros sueños son el guión
para la historia que queremos contar.**

Cuando pienses que no puedes alcanzar tu sueño o que no es posible, recuerda que si está en tu corazón, lo único que necesitas es convicción.

Existen dos tipos de sueños: sueños pequeños como un mejor auto, una mejor casa, y los sueños grandes, los sueños que parecen imposibles. Estos son los sueños que deben llenar tu mente y tu corazón. Los sueños grandes tienen la capacidad de ver el presente y de imaginar el futuro. Las grandes historias son aquellas que imaginan un mejor futuro, que expanden nuestra imaginación y queman nuestro corazón.

Si vas a soñar sueña en grande, si vas a contar tu historia que sea una gran historia. Al final del día soñar en pequeño o en grande te cuesta lo mismo. Encontrarás problemas. Si no hay obstáculos en el camino por el cual estás yendo, entonces ese camino no lleva a ninguna parte. Atrévete a imaginar y a soñar no solo lo que parece posible, sino todo aquello que parece imposible.

Tan solo aquellos que persiguen los sueños imposibles los hacen posibles.

Cuando me siento con algún escritor le pregunto: "¿A dónde sueñas que llegue este libro?". Esa pregunta es más importante para mí que el contenido del libro, porque si él tiene esa capacidad de soñar, tiene la capacidad de hacer sus sueños realidad. El contenido se puede arreglar, pero es muy difícil enseñar a soñar. Si me dice, "no lo he pensado aún", probablemente no es un libro para mí. Un sueño sin un plan es una ilusión, un plan sin un sueño trae confusión, un sueño con un plan es la solución.

¿Qué historia puedes contar si no puedes soñar?

Siempre debemos expresar nuestros sueños porque es parte de nuestra historia. Cuando los expresamos, los tenemos vivos junto a nosotros. La importancia de escribir nuestros sueños y compartirlos con los demás, es que si algún día nos olvidamos sobre lo que soñábamos, alguien nos lo puede recordar.

Expresa tus sueños, sácalos de dentro de ti, ponlos en movimiento, escríbelos en las tablas de tu corazón para que puedas correr hacia ellos.

Estoy convencido que los sueños más increíbles para nosotros son los sueños inspirados por Dios, los que pertenecen a su corazón, y sus sueños con respecto a nosotros se pueden ver reflejados en nuestros sueños más grandes. He descubierto que cuando seguimos nuestros sueños encontramos nuestro propósito.

La vida es más grande que nuestros temores y Dios es más grande que nuestros sueños. No permitas que tus temores determinen tus sueños. Más bien permite que Dios se lleve tus temores y determine tus sueños. Sueña en grande.

Endura en el camino de tus sueños; lo que enduras, perdura. Fuiste creado con un propósito mayor. Hay algo dentro de ti que ayudará a suplir una necesidad que tienen los demás. No lo guardes solo para ti simplemente porque no pudiste endurar en el camino hacia tus sueños. En algún momento todos pensamos en renunciar, pero debemos también pensar en los beneficios de perdurar.

Para ser exitoso en alcanzar tus sueños necesitas incrementar tu habilidad de resistir el dolor; el dolor no es más que debilidad saliendo del cuerpo, de la misma manera que el estrés no es más que fortaleza entrando al cuerpo. "El fracaso no es la peor cosa del mundo; el rendirse lo es", decía Ed Cole. Así que mantente firme en el camino a tus sueños, ya que ellos son una bendición para el mundo. Es tu responsabilidad, Dios los ha puesto en tus manos, y espera que tú los cumplas. La forma en la que tú respondes a los sueños que Dios te ha dado está en tus manos.

Los sueños llegan cuando crecemos para ser lo que podemos llegar a ser.

Si Dios ha puesto un sueño en tu corazón, también ha puesto dones en tus manos. Nuestros sueños exponen nuestros dones; cuando observas dentro de tus sueños encontrarás tus dones. De la misma manera en que los sueños exponen tus dones, tus dones te ayudarán a alcanzar tus sueños, y esto te hará llegar a lugares a los cuales nunca pensaste llegar. Haz que suceda. Un gran sueño no se alcanza tan solo con deseo. Se requiere decisión, dirección y determinación.

Tu pasión por ese sueño es el catalizador entre tu sueño y tu realidad. Cuando ya has despertado la pasión, te observas y conoces tus dones, se acelera tu crecimiento y acortas la brecha entre quien eres y quien quieres ser.

Necesitas crecer en la persona que quieres llegar a ser. Si no creces, no llegas. Eso implica tiempo y sacrificio.

Serás un experto en el área de tus sueños si le dedicas el tiempo suficiente. Invierte tiempo en tu sueño y con el tiempo, tu sueño se cumplirá.

Una vez que llegues a ser sabio y experto, podrás ayudar a otras personas a cumplir sus sueños con mayor facilidad, desde una perspectiva más alta. Solamente cuando te has convertido en un experto es que estás listo para cumplir tus sueños.

Solo quien sueña lo imposible podrá alcanzar y disfrutar de lo inimaginable. Hoy es tiempo de empezar a soñar. Este es tu tiempo, este es tu momento. Debes encontrar valor en tus sueños, fortaleza en tu fe, y propósito en Dios.

PREGUNTAS DE CRECIMIENTO

1. ¿Qué historia sueño vivir?

2. ¿Qué historia puedo verme contando a mis hijos?

3. ¿Estoy soñando en grande o en pequeño?

4. ¿He abandonado mis sueños?

5. ¿A dónde sueño que llegue mi historia?

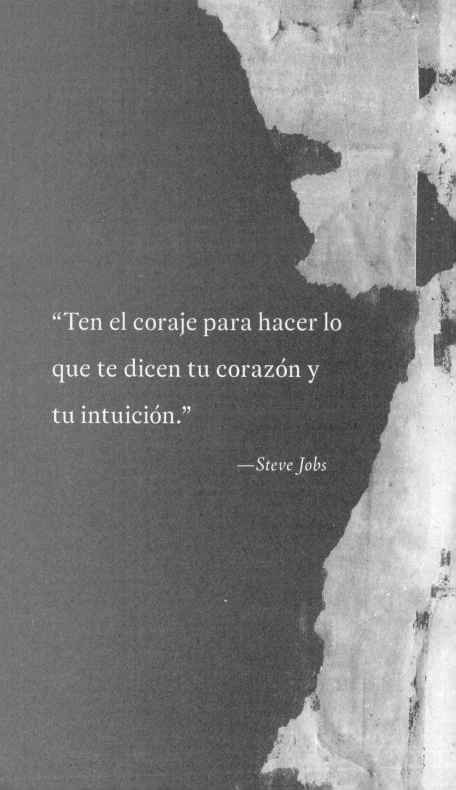

"Ten el coraje para hacer lo que te dicen tu corazón y tu intuición."

—*Steve Jobs*

8

INTUICIÓN

De repente me encontraba sentado en el mítico Estadio Azteca en la Ciudad de México, viendo el partido de la selección mexicana que jugaba frente a Escocia en su despedida hacia la Copa Mundial de Rusia 2018. El ambiente era increíble, superado solamente por la emoción que sentía por estar ahí. Si alguien me hubiese dicho 48 horas antes que tendría esa experiencia no se lo hubiera creído.

Esta experiencia empezó el jueves anterior cerca de las 8 de la noche, cuando de la nada recibí un mensaje de texto de mi amigo, y a quien considero un gran mentor, Erwin

Raphael McManus.[21] El mensaje decía algo como esto: "Xavier, ¿puedes subirte en un avión y venir a la Ciudad de México ahora mismo? Tenemos una conferencia espontánea ¡y tú deberías estar aquí!". Le envié mi respuesta en los siguientes 20 minutos y simplemente decía así: "Nos vemos mañana".

Enseguida, después de leer ese mensaje, empezó una lucha en mi mente entre ir o no ir. Estaba emocionado por la posibilidad de estar con ellos en México, pero al mismo tiempo tenía muchas dudas en mi mente, pensamientos tales como: "Es muy tarde, ¿cómo te vas a ir a México ahora mismo o incluso mañana?". "Es una locura." "Ya tienes otros planes." Sin embargo, había un sentir de aventura que me decía: "Ve". Sabía que ese sentir me estaba invitando a un nuevo mundo de oportunidades. No sabía con certeza cuáles serían esas oportunidades, pero sabía que estarían allá, al otro lado de mis temores y mis dudas.

Mientras me encontraba sentado en el estadio, recuerdo que estábamos en el medio tiempo cuando Erwin me preguntó: "¿Cómo vas con tu libro?". Le respondí que bien aunque estaba por empezar un capítulo que no sabía muy bien cómo explicar. Le dije que era acerca de la intuición. Apenas le mencioné esa palabra, pude ver cómo sus ojos

---

21. Fundador de *Mosaic* en Los Ángeles, California, autor del éxito de ventas *La última flecha*, y de *Tribu* y *El camino del guerrero*.

se iluminaron y me dijo lo siguiente: "La intuición es fácil, simplemente se trata de conectar los puntos".

¡Qué gran verdad acababa de escuchar! Mi mente se abrió a esa idea inmediatamente. En unos pocos segundos aquello que parecía difícil se convirtió en una línea extremadamente fácil de entender. Y es que eso es la intuición. Es la habilidad de conectar los puntos entre lo que siento y lo que veo. Es cuando nuestra pasión se despierta y hemos aprendido a observar nuestros talentos y nuestros dones.

La intuición conecta los puntos entre la pasión y la observación y, más allá que eso, la intuición traza la línea de hacia dónde debemos ir.

Así como mis dudas me decían que no fuera a Ciudad de México, mi intuición me decía: "Ve". Y el hacer caso a mi intuición me abrió las puertas a grandes oportunidades y a experiencias maravillosas. Muchos de nosotros hemos permitido que nuestros temores dominen nuestra mente y hemos dejado de lado la intuición. El problema es que nuestros temores nos permiten que nos quedemos donde estamos, pero la intuición nos anima a ir donde queremos. Nuestras vidas se achican o se expanden de acuerdo al valor que tenemos para perseguir nuestros sueños, el valor que tenemos para contar nuestra historia. Si no le damos acceso a la intuición, jamás llegaremos más allá de lo que nos dice la razón.

Estoy convencido de que la intuición está amarrada a nuestros dones y talentos, ya que son esas pequeñas preguntas que despiertan el intuir, las que nos llevan a descubrir cuán alto podemos volar. La mayoría de las aves vuelan porque creen que pueden; la mayoría de nosotros no volamos porque creemos que no podemos.

Sin embargo, si escuchas a tu intuición es probable que puedas surcar nuevos cielos. Tu historia volará tan alto como tú lo hagas. Escribir la historia que está dentro de ti tiene que ver con tener el valor de seguir a tu intuición. Esta nos trae ganancias cuando sabemos que no siempre acertaremos, pero siempre aprenderemos.

La intuición es esa capacidad de conocer o entender sin razonar. Es un conocimiento o quizá un sentimiento que está dentro de nosotros. Es algo que nos ayuda a entender ciertas cosas aun cuando nadie nunca nos lo ha enseñado o explicado. Es un conocimiento que reside dentro de nosotros que muchas veces no sabemos cómo llegó ahí.

Me encanta algo que Platón menciona acerca de la intuición cuando dice que la intuición es un conocimiento preexistente, "la forma suprema de la inteligencia humana", que reside en la "inmortalidad del alma".[22] Esto me hace recordar uno de mis libros favoritos de La Biblia, que es Eclesiastés. En el Capítulo 3 versículo 11 dice así:

"Sin embargo, Dios lo hizo todo hermoso para el momento apropiado. Él sembró la eternidad en el corazón humano, pero aun así el ser humano no puede comprender todo el alcance de lo que Dios ha hecho desde el principio hasta el fin".

Estoy seguro de que esa eternidad que está en nuestro corazón está conectada a nuestra intuición. Creo que los planes que Dios tiene para cada uno de nosotros son tan grandes... creo que la historia que cada uno de nosotros tiene que contar es tan hermosa y tan grande que no alcanza en nuestra mente, y por eso reside profundamente en nuestro interior. Y creo que cuando le creemos a nuestra intuición, esta se encarga de convencer a nuestra razón. Cuántas veces muchas de las decisiones que tomamos son conducidas por un sentimiento interno más que por una razón externa. Es probable que muchos de nosotros no contemos la historia que debemos contar, simplemente porque permitimos que la razón le gane al corazón.

---

22. Consulta en línea. http://www.cervantesvirtual.com/obra-visor/dialogos-fedon-o-de-la-inmortalidad-del-alma-el-banquete-o-del-amor-gorgias-o-de-la-retorica--0/html/0005c9fc-82b2-11df-acc7-002185ce6064_10.html

Para poder ejercer la intuición, ella debe ser acompañada de acción. Quizá no siempre ejecutamos esa acción de manera correcta, pero me gusta el hecho de saber que la acción es la evidencia de que seguimos a nuestra intuición. Hace tiempo atrás tuve que dar un taller sobre implementación de ideas. Algo que escribí, que es algo que también aprendí, es que nada le da vida a una idea como la acción, y nada le da alas a una idea como el valor.

Si no le damos acceso a la intuición, jamás llegaremos más allá de lo que nos dice la razón.

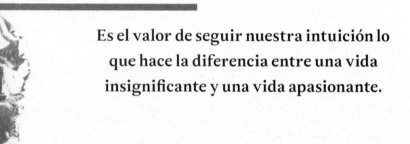

Es el valor de seguir nuestra intuición lo que hace la diferencia entre una vida insignificante y una vida apasionante.

PREGUNTAS DE CRECIMIENTO

1. ¿Con lo que he leído hasta aquí, qué me dice mi intuición?

2. ¿Hacia dónde señala mi intuición?

3. ¿Qué me dice mi intuición acerca de mi historia?

4. ¿Qué es lo mejor que puede pasar si sigo mi intuición? ¿Qué es lo peor?

5. ¿Tengo el valor de hacer lo que mi intuición me dice?

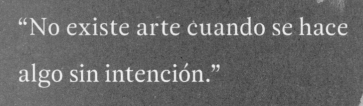

"No existe arte cuando se hace algo sin intención."

—*Duke Ellington*

9

INTENCIONALIDAD

No es la velocidad la que nos lleva a nuestro destino, sino la dirección. A veces creemos que es la velocidad la que nos lleva a nuestro destino, pero si decido viajar a México por auto, llegaré antes si viajo por auto que si me subo en un avión que va a España. Aunque el avión viaja más rápido, el auto me lleva a mi destino.

La intención encamina mi acción. La intención es un vehículo que me lleva a mi destino. Si quiero llegar a volar, tengo que ser intencional en sacudir mis alas. La intencionalidad en la acción me acerca a la historia que quiero contar.

La vida no es una carrera de velocidad, es una maratón (es más, debería decir que es una maratón con obstáculos). Muchas personas están frustradas simplemente porque llegaron rápidamente a donde no querían llegar, simplemente por no tener la dirección apropiada. La dirección siempre es más importante que la velocidad. La velocidad puede cambiar en el tiempo, pero la dirección me lleva al momento, al momento adonde quiero llegar, al destino en el cual anhelo estar.

Una vez que nos hemos proyectado y pensado en el futuro, eso nos da dirección. Nos muestra el lugar al cual queremos ir, la dirección que debemos emprender. Es importante saber que la dirección no es física. No es una dirección que puedo poner en un GPS y este me va a llevar a ese vecindario. Es una dirección del corazón la cual me va a llevar a un lugar llamado *plenitud*.

Cuando me reúno con escritores me encuentro con cuatro tipos de autores: los que saben dónde quieren empezar y dónde quieren terminar; hay otros que saben dónde quieren empezar, pero no saben dónde quieren terminar; otros que no saben cómo empezar, pero saben dónde quieren terminar; y otros saben que quieren escribir, saben sobre qué, pero no saben dónde empezar ni dónde terminar.

Lo interesante del proceso de escribir es que, muy a menudo, el fin al cual el escritor esperaba llegar es diferente del fin al cual ahora quiere llegar. En el camino, las palabras, los razonamientos tomaron desvíos, las palabras dieron forma a un nuevo final, o en otros casos, las palabras formaron un nuevo comienzo. Cuando uno se sumerge en la escritura, sin importar la dirección, se puede llegar al destino. Lo importante es mantenerse en movimiento. Es más fácil virar un vehículo que se encuentra en movimiento que un vehículo que se encuentra detenido.

En el camino errado se puede aprender más que estando estacionado.

De la misma manera, cuando quieres escribir la historia de tu vida es importante tener dirección sabiendo que el destino puede cambiar aunque no te desvíes del camino. Es simplemente darse cuenta de que con cada paso marcas tu historia, no importa si caminas en la dirección incorrecta, porque hasta el camino incorrecto te enseña más que la falta de movimiento.

Intencionalidad es el poder que nos mueve hacia los resultados. La intencionalidad tiene que ver con claridad del destino. Solo podemos ser intencionales cuando sabemos a dónde queremos ir.

En mi experiencia he encontrado que nadie alcanza buenos resultados por accidente. Se puede empezar o descubrir algo por accidente, pero el éxito o el desarrollo de ese algo viene cuando trabajamos de manera intencional. No dejes que un solo día pase sin ser intencional con lo que en ese día haces.

No hace mucho tiempo me encontré con la siguiente frase: "Si te ocupas de vivir bien el presente, el futuro se encargará de sí mismo". Creo que la única manera de vivir bien el presente es teniendo una meta por alcanzar, un destino al cual llegar, una vida la cual disfrutar, una historia que contar.

No se puede vivir una gran historia por accidente; se tiene que ser intencional.

Si pudieras contar una gran historia, ¿qué profesión tendrías?, ¿Qué personas estarían contigo? ¿Qué palabras escogerías para contar tu historia? ¿Qué escribirías?

Durante mucho tiempo las familias tenían un escudo que definía quiénes eran y qué hacían. Eso hacía que su trabajo día a día fuera intencional. Debían mantener, proteger y hacer prevalecer su historia. Nunca podremos escribir nuestra historia de manera no intencional. La intención es la función que me mueve hacia el lugar al que quiero llegar.

Que cada palabra que escribas en tu historia tenga una intención, un lugar al cual quieres que esas palabras lleguen. Algunas veces las palabras que más lastiman no son las que nos dicen, sino la intención con la cual nos las dijeron. Sin importar si estás escribiendo un libro, una canción, una pintura, o una oficina, cada palabra que escribes debe tener una intención. La intención no es que las palabras salgan de nosotros, sino que entren en el corazón de los demás.

Cada libro que se publica tiene una intención; de la misma manera tu vida debe tener una intención. La intencionalidad tiene que ver con finalidad, tiene que ver con metas, pero sobre todo tiene que ver con decisiones.

Cada decisión que toma el escritor tiene una intención, ya sea que esté escribiendo un libro o que esté escribiendo su vida. La intencionalidad es el respaldo que la imaginación necesita.

La intencionalidad es el respaldo que la imaginación necesita.

La intencionalidad mueve mis decisiones. Es fácil moverse hacia donde quiero ir, cuando sé a dónde quiero llegar. Es este poder el que me ayuda a moverme hacia la meta. Alguien me enseñó que cuando vives por principios, el 99 % de tus decisiones ya están tomadas. La intencionalidad cumple esa función de mantener la claridad; es la intencionalidad la que sostiene mi enfoque. La intencionalidad limita tus decisiones para que tus decisiones no limiten tu destino.

Es importante entender que aunque hayamos decidido el final, y apliquemos la intencionalidad para llegar allá, la persona en la que nos convertimos en el camino puede decidir una nueva historia que contar. Muchas veces, algunas de las mejores ideas surgen en el viaje hacia el lugar adonde pensábamos llegar, ya que dichas ideas ahora iluminan un mundo mucho más grande que lo que pensábamos al comienzo. La intencionalidad tiene que ver con la habilidad de mantenerte firme en el camino. Nuestra intencionalidad nos ayuda a dar pasos efectivos hacia el camino elegido. No se puede confundir con instinto. La intencionalidad tiene que ver con estrategia; el instinto tiene que ver con supervivencia.

Las mejores historias siempre tienen intencionalidad en su finalidad; son intencionales en los detalles. En verdad, la grandeza de todo arte está en la atención a los detalles, en ser intencionales en cada detalle que nos encontramos en el camino. Este tipo de pensamiento llevará tu historia a lugares inesperados, pero siempre deseados, ya que tu historia se convertirá en una obra de arte.

La intencionalidad sirve para mejorar el futuro, pero solo puede ser vivida en el presente. No podemos garantizar el mañana, pero podemos trabajar hoy de manera intencional para llegar a ese lugar que por ahora solo podemos soñar.

Intencionalidad tiene que ver con nuestra rutina diaria, y es ahí donde se encuentra el éxito. Ya que como pasamos nuestros días, pasamos nuestra vida; tan solo podemos llegar a ser mañana lo que estamos siendo hoy. No hay atajos a la cima. Si quiero llegar al pico más alto tengo que estar dispuesto a caminar cuesta arriba. Estoy seguro que habrá momentos en la escalada en que querremos rendirnos; esos son los momentos cuando ya no podemos caminar. Debemos aunque sea gatear, quizá descansar, pero nunca parar.

No te rindas cuando no veas la cima. Cuando quieras rendirte, recuerda por qué empezaste.

De eso se trata la intencionalidad; de correr con el corazón cuando nuestras piernas no pueden más; de tener la certeza y la fortaleza de que llegaremos a la cima; y que la vista en ese lugar será todo lo que hemos esperado que sea, porque construimos nuestra vida de manera intencional para llegar ahí. La vista en la cima hace que todo el esfuerzo haya valido la pena.

Tu historia es demasiado importante para quedarte en la mitad del camino. Que cada palabra y cada paso de tu historia sean intencionales, es la única manera de que cada decisión te lleve a contar una gran historia. Solo tú puedes unir palabras que ya se han escrito y conjugarlas de manera única. Que cada página de la historia de tu vida sea escrita con intención; solo así podrás escribir la historia que te gustaría vivir.

La historia dentro de ti necesita salir. Si otros lograron escalar, tú también lo puedes lograr.

Sé intencional en la historia que quieres contar, y sé intencional con la cima que quieres escalar.

PREGUNTAS DE CRECIMIENTO

1. ¿Qué decisiones estoy tomando de manera intencional para contar mi historia?

2. ¿A dónde, con exactitud, quiero llegar de manera intencional?

3. ¿Se alinean mis decisiones con mis acciones?

4. ¿Cómo uso mis fortalezas y mi línea intencionalmente?

5. ¿Qué palabras o qué pasos escojo para contar mi historia?

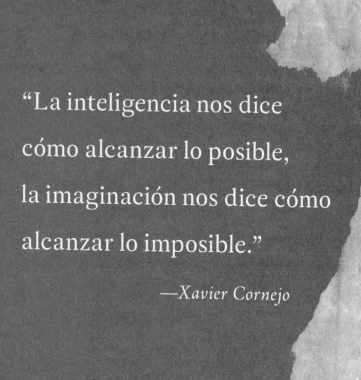

"La inteligencia nos dice
cómo alcanzar lo posible,
la imaginación nos dice cómo
alcanzar lo imposible."

—*Xavier Cornejo*

10

IMAGINACIÓN

La imaginación es la puerta que le abre paso a la posibilidad. Estoy convencido de que el mayor activo de una persona es su imaginación.

Hace un par de años cuando me encontraba en La Habana, Cuba, me encontré pensando en esto: donde habita la necesidad se levanta la creatividad. Es increíble lo que se puede lograr con un poco o sin nada de recursos, pero mucha imaginación. Me impactó ver autos del año 58 o 60 de origen europeo, funcionar con repuestos de otras marcas. La forma en que logran adaptar es digna de admirar.

Cuando has podido soñar con adónde quieres llegar, empiezas a imaginar cómo caminar para alcanzar lo soñado. Si el sueño es el "qué", la imaginación es el "cómo". La imaginación es el complemento del sueño. La imaginación hace que las ideas se conviertan en ideales. La imaginación nos permite pensar y "ver" todos los escenarios posibles e imposibles para llegar a los sueños.

Recordé esto al mirar un vídeo de mi hijo Lucas. Él tendría aproximadamente diez meses de edad, y quería subirse al sofá desde la parte de atrás, pero sus pequeñas extremidades no le permitían hacerlo. De repente, con su sueño de subirse en la mente, empezó a empujar una pequeña silla hasta que la misma quedó pegada contra la parte superior del sofá. Una vez que colocó esa silla ahí, se trepó a la silla y desde la misma logró su cometido de subirse al sofá desde la parte posterior. Él no sabía cómo hacerlo, pero tenía una meta y utilizó su imaginación para crear el escenario en el cual su cometido sería posible. No sé qué pasó por su mente, pero sé que su imaginación le permitió pensar que empujar esa silla y luego subirla le ayudaría a alcanzar lo que quería. No fue fácil para él, pero lo logró.

Todo escritor que ha soñado con el final ahora debe empezar a imaginar la historia, los detalles, cada paso del camino. Es importante aclarar que la historia que soñamos no siempre se escribirá como imaginamos. Muchas cosas cambian cuando empiezas a escribir, pero la imaginación es adaptable, es volátil, vuela contigo a los lugares que quieras ir sin importar si ahora el destino cambió. La imaginación va contigo adonde tú vayas.

Lo importante es que tu imaginación no esté con el interruptor apagado.

La triste realidad de muchas personas es que el día que dejaron de soñar, también dejaron de imaginar. Algunos aún imaginan escenarios, momentos, conversaciones, pero sin un sueño al cual llegar, todas aquellas cosas que imaginamos se quedan en esa tierra que solo existe en nuestra mente. Pero aquellos que imaginan con intención, aquellos que sueñan, son aquellos cuya imaginación está viva y no la utilizan simplemente como un escape de la realidad, sino la utilizan para hacer realidad sus sueños.

La imaginación es un arma poderosa en manos de personas valientes que persiguen sus sueños.

Cuando escribes tu historia es necesario imaginar cada momento, porque aun cuando estés bloqueado, la imaginación puede volar por encima de cualquier muro. No hay nada que pueda detener a una persona con una imaginación activa, con una pasión agresiva y un valor decisivo.

Cuando pienses en la historia que quieres contar, comienza a imaginar, busca aquellos lugares que te invitan a soñar, aquellos lugares en los cuales te puedes desconectar para pensar. Para cada persona el proceso de imaginar es diferente. Algunos lo pueden hacer mientras están en la ducha imaginando todos los premios que están ganando, o las palabras que debieron haber dicho en un argumento del pasado, o cosas que diré a tal o cual persona en el futuro. Otras veces la imaginación viene en momentos cuando estamos ocupados, o cuando estamos manejando. Cualquiera que sea tu proceso de imaginar, utilízalo para alcanzar todo aquello que has soñado. Para que puedas contar tu historia, tu imaginación no debe estar solo en tu memoria; debe estar también en tu victoria, en todo aquello que puedes y quieres alcanzar.

La inteligencia nos dice cómo alcanzar lo posible, la imaginación nos dice cómo alcanzar lo imposible.

Es interesante que muchos de nosotros podemos imaginarnos el lugar más alto al cual podemos llegar en nuestra carrera, y a pesar de poder imaginarlo nos contentamos con alcanzar menos que eso.

Toda gran historia que vale la pena ser contada y vivida es aquella que no solo imagina, sino aquella por la cual luchas todos los días. Si lo puedes imaginar, lo puedes alcanzar.

Al escribir un libro, un escritor siempre imagina el recorrido de la historia y el final al cual quiere llegar.

Si bien es cierto que la historia puede cambiar mientras se escribe, la altura de la cumbre donde se quiere llegar no cambia; puede ser otra cumbre, pero la altura es la misma. La imaginación no siempre te muestra el camino, pero siempre te debe mostrar la cima. Siempre tienes que imaginar a dónde puedes llegar. Lo que logras alcanzar es aquello que logras imaginar.

La cualidad más asombrosa de un niño es su capacidad de imaginar. Todo es posible en su mente. Para escribir la historia de tu vida tienes que imaginar todo lo que puedes alcanzar y, por supuesto, luego debes salir a trabajar.

Ninguna historia se escribió solo con la imaginación; se escribió con la acción. Solo porque imaginé este libro, el mismo no se escribió solo. Me tomó tiempo y esfuerzo, horas de trabajo.

De la misma manera, contar tu historia puede empezar en la imaginación, pero tienes que trabajar para contarla. Para mí, imaginar es tan necesario como respirar, y si puedo respirar, puedo imaginar. Me gusta saber lo que puedo alcanzar, aunque tenga que salir a trabajar.

La imaginación es un regalo, aunque el trabajo duro sea su envoltura.

PREGUNTAS DE CRECIMIENTO

1. ¿A dónde puede llegar mi historia?

2. ¿Cómo alcanzo mis sueños?

3. ¿Qué lugares despiertan mi imaginación?

4. ¿Qué o quién enciende mi imaginación?

5. ¿Cuán alto dejo volar mi imaginación?

6. ¿A dónde me imagino que puedo llegar?

7. ¿Cómo imagino que contaré mi historia?

"La reflexión nunca debe ser una excusa para quedarnos donde estamos; debe ser un trampolín para saltar hacia donde queremos estar."

—*Xavier Cornejo*

11

REFLEXIÓN

"No es que yo sea muy inteligente, sino que dedico más tiempo a resolver los problemas". Siempre me han impactado esas palabras de Albert Einstein, pero algo que ciertamente he descubierto es que la reflexión convierte la experiencia en inteligencia. Firmemente creo que la verdadera grandeza no está en tu inteligencia solamente, sino mucho más en tu reflexión. Un minuto pensando es mejor que una hora hablando.

La reflexión nos vuelve maestros de la historia que queremos contar. Una vez que hemos observado, informado, e incluso imaginado, es tiempo de reflexionar para desarrollar la forma en la que vamos a contar nuestra historia.

Vivimos en un tiempo donde todo se quiere obtener aquí y ahora, y nos cuesta ver los beneficios del proceso a largo plazo. Ed Cole decía que la fama puede llegar en un instante, pero la grandeza llega con los años. Hay cosas que no se pueden acelerar y por las cuales vale la pena esperar; la sabiduría proviene de la reflexión. Algunas veces las ideas vienen pronto, pero el verdadero tesoro es cuando las logramos pulir con el tiempo. Reflexión no es más que pensamiento profundo, pensamiento en el tiempo; cómo esta idea puede sostenerse en el tiempo, o cómo se relaciona esta idea con la otra, cómo puedo contar mi historia de una manera extraordinaria.

La reflexión es como la preparación; pequeños momentos que no se ven, pero que valen oro. Son aquellos momentos cuando parece que nada sucedería y que la mejor idea jamás llegaría. De repente, la reflexión encamina los pensamientos, estos nos llevan a destinos a los cuales nunca esperábamos llegar, y son esos destinos los que cuentan la mejor de las historias.

No te sientas desanimado si algunas veces solo puedes ver fragmentos de la historia que parecen no tener sentido. Si te dedicas a reflexionar, la respuesta va a llegar. Son incontables las veces en que una sola oración me ha costado mucho tiempo de reflexión, pero, del mismo modo, el valor de esa oración se ha convertido en algo incalculable.

Todos los que queremos contar nuestra historia, que sabemos que tenemos algo dentro de nosotros, quizá hemos despertado nuestra pasión, hemos observado nuestro corazón y abierto nuestra razón, y seguimos sin entender el ingrediente esencial que es la reflexión.

Tiempo bien invertido es tomar de tu presente para mejorar tu futuro.

La cantidad de tiempo que invertimos en algo determina cuán importante es ese algo para nosotros. Muchas personas viven con el mito del tiempo de calidad, pero en aquellas cosas o en aquellas personas que de verdad me importan, yo no quiero solo tiempo de calidad; quiero también tiempo en cantidad. Cuán importante es tu historia para ti, está determinado por la cantidad de tiempo que inviertes en la misma. Tiempo bien invertido es tomar de tu presente para mejorar tu futuro. Si contar tu historia puede cambiar tu futuro, ¿por qué invertir tan poco tiempo en ella?

Nunca te desanimes cuando no sepas cómo contar la historia, aún más cuando no sepas cómo vivir la historia.

En todo momento hay desafíos que nos invitan a elevar nuestra manera de pensar. Una vez que logremos vencer esos desafíos no seremos los mismos, porque cuando tu manera de pensar crece, tú creces. No puedes ser el mismo después de reflexionar.

Algunas veces la reflexión viene de examinar el pasado, de aquello que has experimentado y cómo esto te puede ayudar. Otras veces la reflexión viene de imaginar el futuro. Nunca dejes de examinar y nunca dejes de soñar. Nunca sabes cuándo el pensamiento transformará una idea en tesoro. Sigue reflexionando, sigue imaginando y, sobre todo, sigue avanzando. La reflexión nunca debe ser una excusa para quedarnos donde estamos; debe ser un trampolín para saltar hacia donde queremos estar.

Deuda es tomar de mi futuro para mejorar mi presente. Inversión es tomar de mi presente para mejorar el futuro. Eso es la reflexión: tomar tiempo en el presente para cambiar el ambiente, para mejorar mi futuro. Hay personas que dicen que de los errores se aprende, y estoy de acuerdo con ellas, pero no se aprende tan solo por cometer un error; se aprende por reflexionar en el error, no de vivir en él, sino de pensar en qué sucedió, por qué ocurrió.

¿Cuándo fue la última vez que te preguntaste, "¿qué aprendí de este error?", y luego lo escribiste en tu cuaderno de lecciones?

Cuando estaba en la escuela siempre le tenía terror a las preguntas, generalmente porque venían del profesor y tenían que ver con la materia que estábamos estudiando. Hoy entiendo que las preguntas traen respuestas, que solo podemos descubrir lo que hemos aprendido cuando nos hacemos preguntas, y he aprendido a considerar genios no a aquellos que tienen todas las respuestas, sino a aquellos que hacen las mejores preguntas, preguntas que me hacen reflexionar, que me hacen ir hasta lo más profundo de mi alma y de mi mente, que me hacen meditar.

Un error no se convierte en aprendizaje por haberlo cometido; se convierte en aprendizaje cuando de él has aprendido.

Hace un par de meses tuve la oportunidad de viajar con alguien a quien considero un verdadero genio: Sam Chand. Habíamos llegado a Panamá para hacer un evento de líderes, hablar con los gerentes del Canal de Panamá, ya que Sam tiene un libro de liderazgo acerca del tema. Sam impartiría conferencias de liderazgo a varios grupos influyentes de Panamá, sus libros estaban ahí. Con eso yo esperaba que Sam se diera a conocer más en el país y que se vendieran sus libros.

Cuando estábamos ya en Panamá, bajé a desayunar con Sam en el hotel. La vista era impresionante, la comida era abundante, creí que tendríamos un desayuno tranquilo, hablando de lo que sucedería en esos días. Mientras absorbía el maravilloso olor a café que ahí existía, Sam me hizo la siguiente pregunta: "¿Cuál es tu ganancia en este viaje?".

Esa pregunta me llevó a analizar todas aquellas cosas que había pensado que eran importantes para mí. ¿El que Sam se conociera más en Panamá? ¿Ventas de libros? Ninguna de esas fue mi respuesta, pero esa simple pregunta, "¿Cuál es tu ganancia?", me llevó a reflexionar tanto acerca no del "qué", sino del "porqué". Esa pequeña pregunta se incrustó tan dentro de mi mente que creo que se quedará ahí para siempre. Desde aquel día, en todas las actividades que realizo en el día a día y dentro de la compañía, siempre me pregunto: "¿Cuál es la ganancia?". Es increíble que tan pocas palabras dentro de dos signos de pregunta me hayan llevado a pensar mucho más profundo acerca de la vida.

Es por eso que es necesario reflexionar, y preguntar: ¿Cuál es tu ganancia al contar tu historia? ¿A qué le considerarías tu ganancia?

Quizá sin darnos cuenta ya hemos llegado al lugar que queríamos llegar. Simplemente nunca nos detuvimos a meditar. La vida es así, llena de temporadas y estaciones. Algunas veces, si no nos detenemos a reflexionar en dónde estamos, creeremos que no hemos llegado, solo para darnos cuenta que nos pasamos la estación, que nos perdimos el momento cuando estábamos donde siempre quisimos estar. Es interesante que algunas veces por esperar el futuro desperdiciamos el presente.

Te recuerdo que el futuro se construye con lo que haces en el presente; Algunas veces son los años los que nos enseñan lo que los días no nos enseñaron, aunque estuvieron ahí. Mi invitación es llevarte a la reflexión. ¿Cuál es tu historia? ¿Cómo puedes contar tu historia? ¿Qué necesitas para contar tu historia? ¿Quién tiene lo que necesitas para contar tu historia?

La vida es una colección de momentos, construidos por minutos, y cuando convertimos los minutos en momentos, hemos convertido el tiempo en tesoro. Es tiempo de reflexionar sobre lo que puedes hacer con lo que tienes, y cómo puedes alcanzar lo que quieres.

PREGUNTAS DE CRECIMIENTO

1. ¿Estoy invirtiendo suficiente tiempo en mi historia?

2. ¿Alguna vez me he detenido a pensar cuál es mi historia?

3. ¿Cómo procedo con mi historia?

4. Cuando se trata de mi historia, ¿qué considero ganancia?

5. ¿Cuánto tiempo les dedico a mis ideas?

6. ¿Será posible que no logro contar mi historia porque no me doy el tiempo de pensar en ella lo suficiente?

7. ¿Cómo contar mi historia cambiaría mi vida?

"Nuestra historia es lo
que tenemos para ofrecer
al mundo."

—*Erwin Raphael McManus*

12

EXPRESIÓN

Eran cerca de las cuatro de la tarde y ya estaba en camino al aeropuerto. Mi vuelo saldría de San Diego de regreso a Miami cerca de las 7:30 de la noche, lo cual me daba suficiente tiempo para comer algo y devolver el auto que había alquilado para los días que estaría en esa ciudad. Como es costumbre, abrí mi aplicación de YELP,[23] y empecé a buscar los lugares para comer que estaban cerca. Encontré un lugar de sushi llamado *Sushi Tadokoro*, con más de 500 reseñas y casi 5 estrellas. Se encontraba cerca de Old Town, San Diego. Me encanta el sushi, y las buenas reseñas me

---

23. *Yelp* es una aplicación donde reseñan negocios y restaurantes, y un servicio de reservaciones en línea.

convencieron de que ese era un buen lugar, pero al llegar al lugar, en una pequeña plaza donde casi no cabían autos, empecé a dudar de cuán bueno sería el restaurante.

Logré encontrar un estacionamiento y me dirigí a aquel lugar. Todas mis dudas se disiparon una vez que entré. El restaurante estaba completamente lleno, y la recepcionista me preguntó si tenía reservación. Le respondí que no, me dijo que no tenía un lugar para acomodarme, cuando de repente alguien se levantó de la barra, y me preguntó si quería sentarme ahí.

Estaba decidido a probar el sushi de ese lugar, pues podía ver los diferentes platillos en las mesas y todo se veía increíble. Hoy no sé si era el hambre, ya que aún no había almorzado, o si en verdad todo se veía bueno. Una vez sentado en la barra donde del otro lado se encontraban los chefs, me entregaron un menú, el cual no sabía cómo leer, ya que la forma en la que se explicaban todas las cosas era nueva para mí.

Empecé a observar cómo ordenaba la persona de mi lado y pedí lo mismo. Tan pronto lo hice pude ver cómo el chef empezó a prepararlo frente a mí. Fue la primera vez en mi vida que aprecié el hacer sushi como un arte. La forma en la que sostenía el pescado y cómo lo mezclaba con todos los demás elementos me resultaba fascinante. En verdad me parecía estar mirando un artista trabajando. Cuando terminó, su presentación era increíble.

Una vez que puso el sushi delante de mí, procedí, como es costumbre, a intentar ponerlo en salsa de soya. Cuando el chef me miró intentando hacerlo, me llamó la atención y me dijo que debía comerlo sin la salsa de soya. Le hice caso y me lo comí sin la misma. Nunca había probado algo tan espectacular como aquel sushi, solo de escribirlo lo puedo volver a saborear. Pedí varias cosas más después de eso, y cada vez que aquel hombre las preparaba, sentía la urgencia de filmarlo como quien filma alguna obra de teatro, o como quien le toma una foto a una pieza de arte.

Más adelante, en la tarde, me atreví a pedir mis propios rollos ignorando lo que la persona de mi lado pedía, pues fue una experiencia increíble. Añoro el día que pueda regresar y saborearlo nuevamente. Ese día aprendí que hay varias escuelas de sushi con respecto a su preparación, y que en verdad es todo un arte, pues la especialidad de ese restaurante es el estilo tradicional japonés llamado Edomae. Dicen ellos que detrás de cada cosa que preparan, hay horas de cuidadosa preparación con técnicas y habilidades aprendidas y desarrolladas durante años. Esta es su forma de contar su historia, es su expresión única, y es lo que hace apreciarlo como una obra de arte. Toda persona debe encontrar dentro de sí lo que hace su estilo propio.

Muchos de nosotros intentamos imitar en vez de innovar. Imitar es simplemente tratar de parecerse a alguien, pero innovar tiene que ver con mejorar algo dándole nuestro toque propio.

Es lo que haces de manera única lo que te hace único.

No hay nada de malo en ser inspirado por los demás. Generalmente, todo arte empieza como una idea dentro de nosotros, que ha sido inspirada por alguien más. Siempre me han llamado mucho la atención las palabras de Picasso: "Me tomó cuatro años pintar como Rafael, pero toda la vida pintar como niño". Lo que aprendo en estas palabras es que Picasso fue influenciado por Rafael, pero que luego logró sacar su expresión única, sin limitaciones, como lo hace un niño.

Rafael es recordado por la claridad de sus pinturas y sus cuadros de Madonas. Picasso creó la técnica del "collage" en la pintura. Monet fue el padre del impresionismo, es famoso por su estilo de capturar la luz y las formas naturales, y sus obras de flores y paisajes, con expresiones que han prevalecido y han cobrado un cuantioso valor. Todos fueron pintores de diferentes épocas, y todos se destacaron con su estilo propio y único de expresar su arte.

Cada uno de los escritores universales se ganaron su lugar en la literatura, precisamente por su estilo único y diferente: Don Miguel de Cervantes, el padre de la novela moderna; Mario Vargas Llosa, Mario Benedetti, Pablo Neruda, Gabriel García Márquez, Paulo Coelho, Julio Cortázar, Jorge Luis Borges, Eduardo Mallea y muchos otros.

Entre los comediantes, el mexicano Mario Moreno (Cantinflas) se convirtió en leyenda con un personaje de estilo único de sátira social. Llegó a ser el actor mejor pagado en la década de los 50, después de ganar el Globo de Oro por la película "La vuelta al mundo en 80 días", que resultó un éxito de taquilla de $42 millones. Su principal contendiente era el actor americano Marlon Brando.[24] Hasta ese entonces era impensado que algún actor latino pudiese ganar ese premio, pero su estilo único hizo que se lo ganara.

Hace unas pocas semanas atrás me dispuse a ver una pelea de boxeo, más que por mi interés por el boxeo, por lo que se decía en las redes sociales acerca de los peleadores, Deontay Wilder vs. Tyson Fury. Lo que llamaba a muchas personas la atención era la manera poco ortodoxa de pelear

---

24. Consulta en línea. https://en.wikipedia.org/wiki/Cantinflas

de Fury. Sin embargo, con ese estilo, Fury había ganado la pelea al legendario Klitschko.

Muchas personas estaban convencidas de que Wilder ganaría la pelea de manera fácil, ya que tiene una derecha que podría dormir a cualquiera. Pero ese estilo extraño de Fury y su manera poco ortodoxa, es su expresión única de boxeo. Quizá no es la forma que se esperaría de un campeón mundial, pero ese estilo es su expresión única. No hay otro peleador en la faz de la tierra con el estilo de Fury

Los críticos de Fury quedaron un poco decepcionados de que la pelea terminó en empate. Aunque Fury fue tumbado en dos ocasiones diferentes, en dos asaltos diferentes, muchos de los que vimos la pelea creemos que él debió haber ganado dicha pelea por puntos. Lo que aprendí de esa pelea es que sin importar la lucha que la vida te traiga, pelea con tu propio estilo, y nunca te rindas.

Conozco un ejemplo más cercano. Era una noche fría en Los Ángeles. La única razón por la que recuerdo que era fría es porque estábamos sentados junto a la chimenea, en la casa de Erwin McManus. Nos encontrábamos él, su esposa Kim y yo, hablando acerca de ideas de libros, historias y más, cuando de repente Erwin dijo lo siguiente: "A mí me gusta escribir como si fuera un proverbio japonés". Jamás había escuchado a alguien definir su estilo de escritura de esa manera, pero el momento que dijo eso todas las piezas encajaron.

Ese es su estilo único, de hecho, es tan su estilo que su editorial lo definió como "Sabiduría de batalla" o "con su estilo de un sabio de batalla". Eso es lo que le hace ser uno de mis escritores favoritos. Con razón cada vez que lo leo me siento impulsado a llegar más lejos, a luchar más, a imaginar más, a soñar más y a lograr más con mi vida. Eso es lo que encontrar tu estilo, tu expresión, debe lograr en el mundo.

Cuando escribas tu historia, encuentra tu manera única de contarla. Solo tú puedes ser tú.

No importa la profesión que tengas en la vida, encuentra tu expresión propia, tu propia voz. Es interesante saber que aquellas personas que más apreciamos en sus diversas ramas, lo hacían o lo hacen con su estilo propio. Cuando escribas tu historia, encuentra tu manera única de contarla. Solo tú puedes ser tú.

Muchas veces no sabemos por dónde empezar. Lo que me ha funcionado es aprender de personas cuyo estilo de escritura o cuya forma de pensamiento me llama la atención, me inspira, pero lo siguiente que hago es pensar: ¿Qué hay en su escritura que me llama la atención? ¿Por qué esta frase que escribió o la otra me impactan tanto? Ese tipo de preguntas me lleva en un viaje interior del cual puedo traer cosas al exterior.

Aprende mucho, de todos aquellos quienes te inspiran y te impactan. Cuando examinas sus palabras o su manera de hacer las cosas podrás descubrir por qué esas cosas te inspiran, y generalmente la respuesta es porque lo que está dentro de ti se relaciona con aquello que te inspira.

Estoy convencido que aquello que te inspira tiene un color parecido al color que hay en tu alma, y te sientes relacionado con ello. No hay límites a los lugares a los cuales un libro te puede llevar. Puede ser que el autor no quiso decir lo que entendiste, y sin embargo aquellas palabras encienden ideas que estaban dormidas dentro de ti.

**No leemos los libros como fueron escritos,
sino como nuestro interior los interpreta.**

Esa es la riqueza de un libro, que el mismo puede significar diferentes cosas para diferentes personas, de la misma manera que cuando escuchas una canción y tú la interpretas de acuerdo a tu situación, y otra persona la interpreta de acuerdo a la suya. Aunque las interpretaciones sean diferentes, las dos personas pueden estar de acuerdo en que es una canción increíble.

Asimismo, cuando escribes la historia de tu vida de manera única, con tus propias expresiones y tus propios colores, las personas serán inspiradas a contar la suya, quizá con palabras que dijiste; o con las cosas que hiciste despertarás en ellos anhelos o estilos que estaban dormidos.

La historia que está dentro de ti, puede ser contada solo por ti. Algo a tener en cuenta es que un estilo único no se forma de la nada. Por lo menos yo, aún no me he encontrado con ello. En mi experiencia, los estilos únicos se forman a raíz de personas que influyen sobre nuestro pensar, nos ayudan a evolucionar como artistas de nuestra vida. Quizá el primer paso es querer parecernos a ellos, pero en algún momento debes encontrar lo que te hace vibrar dentro de ese estilo que te hace único. Hay un dicho: "Robar una idea te convierte en ladrón, robar mil ideas te convierte en genio". Estoy seguro de que esto no habla de robar, sino más bien de lo que llegamos a ser con esa información y cómo eso nos puede llevar a encontrar nuestra expresión única. Al ser moldeados por más de una idea, nos convertimos en nosotros mismos, en los mejores autores de nuestra historia.

Muchos de nosotros no encontramos nuestro estilo porque no preguntamos. Hay muchas respuestas que no llegan a nuestra vida porque no hacemos las preguntas por cualquier razón que sea, pero siempre es necesario saber *que* la respuesta está al otro lado de la pregunta; que cuando quiero que respuestas lleguen a mi vida debo saber preguntar.

Encontrar tu estilo es tan solo el primer paso. Luego tendrás que desarrollarlo y después perfeccionarlo. Quizá en las primeras etapas habrá personas que te critiquen y te digan que no lo estás haciendo como deberías hacerlo. A pesar de todo sigue adelante, y lucha por tu estilo, por tu expresión única. Descubrir tu estilo puede estar a una pregunta de distancia. La respuesta que has esperado puede estar a una pregunta de distancia.

Una de las cosas que más me gusta de trabajar con diferentes escritores es encontrar sus fortalezas, aquello que les hace únicos, aquello que me inspira y me invita a más. De la misma manera que sus libros alimentan mi mente, también alimentan mi alma. El otro día leí algo que José Luis Navajo publicó, que me impactó mucho. Él decía lo siguiente: "Quien nunca fue transformado por un libro es porque nunca se sumergió en el mismo".

De la misma manera que un libro te transforma, las páginas de tu vida deben transformar la vida de otros. Es como dice Erwin McManus: "El trabajo de un escritor no ha terminado hasta que sus palabras no hayan cobrado vida en el corazón de otro ser humano".

Encontrar tu estilo es hacer que tus palabras tengan vida y que tu vida tenga palabras únicas, palabras que no se han leído antes porque son solo tuyas. La grandeza de una oración no está en que uses palabras que nadie más usa, sino en cómo conjugas las palabras de manera única para impactar el corazón y la mente del lector.

Tu trabajo como escritor de tu vida no ha terminado hasta que lo que escribes inspire y dé vida a los demás.

Las mejores frases son aquellas que impactan al lector intelectual, tanto como al lector emocional. Las mejores palabras de tu vida son aquellas que transcienden más allá del intelecto y del tiempo. Dichas palabras provienen de contar la historia de tu vida de manera única.

Solo tú puedes unir palabras de manera que creen un estilo que aún no existe, e inspirar al mundo con tu historia, a contar una mejor historia. Si quieres que tu historia cause impacto, es necesario que encuentres tu manera única de expresar lo que está dentro de ti.

PREGUNTAS DE CRECIMIENTO

1. ¿Quién me inspira? ¿Por qué me inspira?

2. ¿Qué hay en sus palabras y en su vida que me inspira?

3. ¿Qué caracteriza mi estilo propio?

4. ¿Cómo lo puedo desarrollar de manera intencional?

5. ¿A qué personas puedo preguntar acerca de mi estilo?

La estabilidad proviene de lo
que tienes y de a quién tienes;
la plenitud viene de quien
tú eres, de en quién te has
convertido, y de todo
lo que sabes que
puedes alcanzar.

—*Xavier Cornejo*

13

PLENITUD

¿No extrañas a tu familia en Ecuador? Fue la pregunta que me hicieron. Antes de contarles cómo respondí dicha pregunta, permítanme dar un poco de contexto. Cuando se extraña a alguien es porque existe un vacío de tiempo o distancia con esas personas; nos gustaría estar más cerca y nos gustaría pasar más tiempo. Amo a mi familia quizá más de lo que ellos creen o se esperan, cada uno de ellos tiene un lugar especial en mi corazón, me hacen falta todos los días de mi vida. La presencia de mis seres queridos es parte de mi esencia, y quien soy ha sido moldeado por quienes ellos son. Todo lo que he alcanzado es por lo que ellos han sacrificado.

Mi respuesta a la pregunta fue: "Es difícil extrañar cuando uno está viviendo su propósito". Mi familia comprende, igual que yo, que toda gran historia está construida en sacrificio, requiere sobreponerse al dolor y al temor y, sobre todo, a la incertidumbre del futuro. Pero quien nunca arriesga nunca llega.

Hace un par de años me encontraba traduciendo a mi amigo Sam Chand, y él estaba contando su historia y cómo decidió cambiarla. Él era un exitoso decano de una universidad y todo marchaba viento en popa, cuando de repente sintió que algo nuevo quemaba en su corazón. Estaba inseguro de qué hacer y cómo proceder con respecto a este cambio.

La duda y la incertidumbre estaban acabando con sus emociones.

En uno de sus viajes, no recuerdo bien si fue en India, entró en una tienda y encontró una tarjeta. Cuando leyó lo que en ella decía se puso a llorar como un niño. Aquellas palabras eran las siguientes: "Es tan atemorizante el salto entre quien soy y quien quiero ser, pero por todo aquello en lo que me puedo llegar a convertir, cerraré mis ojos y saltaré".

La plenitud se encuentra al otro lado de la seguridad.

Así fue cuando emprendí mi viaje desde Cuenca, Ecuador, a Miami, Florida, hacia lo que me gustaba. Existía una sensación de que el rompecabezas no estaba terminado, de que había piezas que faltaban, pero en el lugar donde estaba, estas no se encontraban. Había un sentir en mi corazón de que grandeza me esperaba al otro lado de las bellas montañas que rodean la hermosa ciudad de Cuenca. De cierta manera existía un sentir de que mi historia transcendía las fronteras de mi ciudad y aun más, de mi país.

Nada está garantizado en la búsqueda de nuestra historia, pero lo único que te puedo garantizar es que si no te atreves a saltar, nunca llegarás.

Plenitud es el arte de disfrutar la vida, no porque todo sea perfecto, sino porque estoy viviendo la historia que quiero contar al mundo. Es en ese lugar donde encuentro mi lugar en el mundo. Una persona no es rica por cuánto tiene, sino por cuán poco necesita. Cuando estoy en el lugar en el que fui creado para estar, la vida se vuelve más apetecible. El dinero es uno de los motivadores más grandes de la vida, pero incluso el dinero mismo no nos puede mover cuando estamos haciendo lo que nacimos para hacer.

Recuerdo esta gran verdad cada vez que miro el programa *Shark Tank* (Tanque de tiburones, al cual me referí en el capítulo 2 de este libro) donde una persona o un grupo de personas presentan su compañía o su producto a un grupo de inversionistas que pueden multiplicar sus ventas e ingresos en maneras que pocos podemos soñar o imaginar. Muchas veces cuando los inversionistas quieren más capital del que se está ofreciendo, miro a las personas presentando y quizás algunas veces gritaría: "¡Qué estás haciendo!".

Ellos pueden triplicar o cuadruplicar tus ingresos, pero luego las personas dicen lo siguiente: "Creo demasiado en este producto, y en lo que hacemos como compañía", o "He invertido mucho tiempo y esfuerzo como para dar tanto capital". En esos momentos puedo ver el gozo en sus ojos, lo orgullosos que están de lo que están construyendo, de la historia que están contando, y me doy cuenta que son personas plenas, llenas. Este tipo de personas mira al futuro con expectativa, y están prestos a tener iniciativa para que sus vidas cuenten, para que su historia haga eco en la historia de la humanidad.

Eso me recuerda cuántas veces me han ofrecido trabajos en los últimos años en grandes compañías, con ingresos mayores, pero el ingreso no me motiva. Mi vida, mi historia, es lo que me mueve. Saber que estoy donde quiero estar, viviendo lo que quiero vivir, ayudando a las personas a contar su historia, leyendo comentarios y respuestas de cómo libros que ayudé a crear o quizá solo participé en la conexión con el autor, o en la portada o en cualquier mínimo detalle, cambian la vida de una persona, llena mi corazón de gozo y de esperanza, y eso me hace sentir que estoy en el lugar correcto.

Es importante decir que el hecho de sentirse pleno no significa que todo es perfecto. Siempre habrá batallas que luchar y guerras por ganar. Los problemas son inherentes a estar vivo. Solo quien dejó de vivir dejó de encontrar problemas, y los problemas nos vienen a todos por igual, sin importar si estás caminando tu historia, o estás dentro de la historia de alguien más. Sin importar si te sientes pleno o vacío, los problemas van a llegar.

La diferencia es que la plenitud nos da la actitud y la aptitud para enfrentar cada problema, ya sea que vengan de uno en uno o muchos a la vez. Siempre recuerdo con mucho cariño las palabras de una de las mujeres más sabias y fuertes que jamás haya conocido, Aida Borrero Vintimilla, mi abuela, quien entre su sabiduría acumulada solía decir esto: "Las penas son cobardes y nunca vienen solas"; "Al perro flaco hasta las pulgas se le pegan".

Solo existen tres tipos de personas: personas que están enfrentando un problema, personas que acaban de enfrentar un problema y personas que están camino a un problema. Es normal tener problemas, pero cuando te sientes pleno, aunque tengas problemas, los problemas no te tienen a ti.

Cuando una persona es plena, sabe por qué luchar, y por qué nunca rendirse. Venga lo que venga, en los momentos más difíciles, debemos darnos la oportunidad de parar, respirar, descansar, recuperar fuerzas y luego levantarnos y continuar.

Si hoy estás leyendo esto, este es tu momento, hay vida en ti, hay una historia en ti, el mundo necesita lo que tú tienes, y solo tú lo puedes compartir.

Plenitud es un sentido de tener seguridad en quien soy, en lo que debo hacer y en lo que puedo hacer.

Cuando uno piensa y se siente de esa manera, no hay nada que nos pueda parar. Es esa seguridad la que te permite saber que no debes ser el mejor en todo. Debo ser el mejor en contar mi historia, en contar la historia que quema dentro de mí, sabiendo que siempre habrá alguien mejor que yo en otras ramas, pero siendo yo el mejor en mi rama, en mi estilo, en mi vida.

La plenitud me permite ser vulnerable, me permite admitir que tengo muchas debilidades y que mi mayor fuerza no vendrá de fortalecer mis debilidades, sino de fortalecer y mejorar mis fortalezas. El Dr. Edwin Louis Cole solía decir que cuando tratamos de fortalecer nuestras debilidades lo máximo que llegaremos a ser es mediocres o promedio, pero cuando nos dedicamos a fortalecer nuestras fortalezas seremos personas increíbles.

La plenitud tiene que ver con confiar en nosotros mismos, saber nuestras fortalezas, conocer nuestros límites, y tener la audacia de vencerlos y superarlos para que ellos no nos detengan de contar nuestra historia.

La plenitud no te la pueden dar las personas o las compañías, no viene acompañada de quién está a tu lado ni para quién trabajas, aunque las dos son importantes, porque eso no sería plenitud. Sería estabilidad.

La estabilidad proviene de lo que tienes y de a quién tienes; la plenitud viene de quien tú eres, de en quién te has convertido, y de todo lo que sabes que puedes alcanzar.

La plenitud tampoco se debe confundir con complacencia. La complacencia es estar bien como estoy sin querer ir más allá; le plenitud me empuja a ser mejor, a prepararme más, a saber que a pesar de que haya alcanzado bastante, todavía hay mucho más por conquistar.

Mi amigo Tiago Brunet[25] es un escritor increíble y un gran estratega. Sus libros han causado revuelo en Brasil y alrededor del mundo. Él es una persona plena, sabe para qué lo creó Dios y vive su vida desde ese lugar. Él es pleno; no conozco a muchas personas que puedan vender más de 300,000 ejemplares de sus libros en dos años. Sin embargo, Tiago lo ha logrado. Cada paso que él da es digno de admirar.

Mientras vive su mejor momento, nos tomábamos una taza de café en São Paulo, y le pregunté: "Ahora que estás en la cima, ¿cuál es tu siguiente paso?". Él pausó por un momento y me dijo lo siguiente: "Mi siguiente paso es conquistar todo lo que he alcanzado". Esto me llevó enseguida a un principio de Ed Cole que dice: "Es más fácil obtener que mantener. Puedes obtener un auto, mantenerte pagando es difícil; puedes casarte, permanecer casado es lo difícil". Tiago entiende bien que uno puede estar viviendo su propósito, sentirse pleno, y aun así hay que salir a conquistar lo alcanzado, hay que seguir creciendo, hay que seguir luchando.

La plenitud no quiere decir perfección. Muchas personas no son plenas porque lo que hacen no es perfecto. La buena noticia es que *nada nunca es perfecto*. Lo importante para la plenitud no es la perfección, es la excelencia, es

---

25. Autor de *El mayor poder del mundo*, Whitaker House, 2018.

escribir mi historia de la mejor manera que puedo. Muchas personas se fijan en el resultado, son inspiradas por el mismo, pero lo que yo admiro es el camino, el proceso, la lucha, la plenitud; si es constante en su esfuerzo por mejorar. La práctica no hace las cosas perfectas, pero hace que las cosas sean mejores.

El otro día mi hijo Lucas, quien está aprendiendo a hacer el nudo de los zapatos, se puso a practicar. Cada vez que lo hacía decía: "Este es una 'B' (sistema de calificación de los Estados Unidos)". Lo volvía a desatar y lo volvía a intentar y decía lo mismo. Después de varios intentos empezó a frustrarse y comenzó a llorar. El querer alcanzar la perfección no le permitía ser pleno con el nudo que acababa de hacer, y para tener el cordón amarrado no es necesario que ese nudo sea una "A". Lo que quería lograr no le permitía disfrutar lo que había logrado. Y el nudo que había logrado con mucho esfuerzo quizás no era una "A", pero era suficiente para que él pueda saltar, correr y jugar, y hacer todas aquellas cosas que le hacen feliz.

Creo que muchos de nosotros somos así. No disfrutamos de lo que hemos alcanzado porque es una "B" y queremos llegar a una "A", sin darnos cuenta que el nudo ya funcionaba y servía cuando estaba en "B". Siempre es bueno practicar y es bueno mejorar, pero no permitamos que nuestra plenitud sea robada por la perfección.

PREGUNTAS DE CRECIMIENTO

1. ¿Soy pleno con la vida que vivo?

2. ¿Estoy disfrutando mi vida?

3. En caso de no estar pleno y de no estar disfrutando mi vida, ¿qué me falta?

4. Si me ofrecieran la oportunidad de trabajar en otra rama, ¿lo haría? Si la respuesta es afirmativa, ¿por qué no lo he hecho ya?

5. ¿Por qué quiero luchar?

6. ¿Estoy permitiendo que la búsqueda de perfección me robe mi plenitud?

7. ¿Estoy contando mi historia de la mejor manera que puedo?

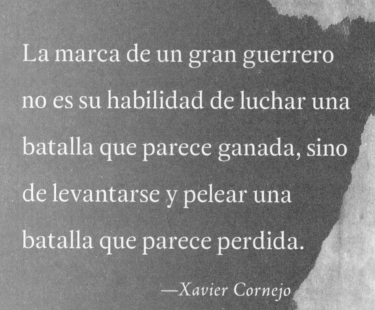

La marca de un gran guerrero
no es su habilidad de luchar una
batalla que parece ganada, sino
de levantarse y pelear una
batalla que parece perdida.

—*Xavier Cornejo*

VALOR

Valor: Cualidad del ánimo, que mueve a acometer resueltamente grandes empresas y a arrostrar los peligros, denotando osadía.

La vida se expande o se acorta de acuerdo con nuestro valor. Solo se puede contar una gran historia cuando tenemos el valor de lanzarnos al vacío, el valor de empezar, el valor de escribir aquellas líneas. Nada sucede hasta que no tengamos el valor para comenzar.

Muchas personas creen que para escribir su historia deben tener toda la preparación posible, que todas las condiciones deben ser perfectas. La verdad es que si esperamos que todo esté listo, probablemente nunca haremos nada con nuestra vida. Solo aquellas historias que tenemos el valor de escribir son las historias que cambian nuestras vidas.

Sin valor no existe un mejor futuro; cuando no tenemos el valor de movernos en dirección a nuestros sueños, el mañana no será una nueva aventura, sino una vieja pesadilla.

Quizá la autoridad más grande que yo conozco en el mundo para hablar de valor es Erwin McManus. Hace un par de días escuchaba una de sus conferencias en la cual decía: "El futuro se encuentra al otro lado de tus temores… el temor establece los límites de tu vida. Si le tienes miedo a las alturas siempre permanecerás en tierra; si le tienes miedo a las multitudes siempre estarás solo", lo cual también escribió en su libro *El camino del guerrero* (libro altamente recomendado). Cuánta verdad y cuánta profundidad hay en sus palabras.

Escribir es un trabajo difícil, como estoy aprendiendo al escribir este libro, y se requiere valor para contar nuestras historias y ser vulnerables. Sin embargo, si nadie se atreviera a escribir no tendríamos nada que leer. No obstante, tenemos una cantidad increíble de libros, de historias. Cada expresión de arte en cualquiera de sus formas cuenta la historia del artista, y ninguna obra se crea sin valor.

Por cerca de tres años he estado yendo casi diariamente a un gimnasio que se llama *Orange Theory*. Una de las cosas que descubrí es que no puedes fortalecer tu cuerpo si primero no fortaleces tu mente. Cada momento en el que tienes que darlo todo no solo cambia tu cuerpo, cambia tu mente. Después de estar un par de años en este gimnasio, aún había momentos que me causaban un poco de temor porque sabía lo que esos momentos iban a demandar de mí. Por ejemplo, un reto en el que hay que remar (*rower*) por cuatro minutos seguidos. No suena a algo complicado, y cuatro minutos suena a poco, excepto que tienes que hacerlo a toda velocidad porque es una competencia. Sabíamos con anticipación que ese día vendría, y mi mente jugaba con mis emociones, y me decía: "No lo hago".

Sentía temor de ir, no por los cuatro minutos remando, sino porque sabía lo que se me iba a exigir ese día. Lo pensé día y noche. El día anterior estaba seguro de que no iría al día siguiente; así me evitaría todo el dolor que dicha prueba me iba a traer. Mi mente me mostraba ya el dolor que iba a sentir y el cansancio que iba a tener. Sin embargo, el día de este evento me levanté como cualquier otro día, desayuné, quizá un poco más de lo normal; así no me agotaría tanto. Sin pensarlo me vestí, y sin pensarlo me subí en mi coche y me dirigí al gimnasio. Lo que tenía en mi mente era que si lograba hacer 1200 metros en los cuatro minutos, estaría bien, estaría cansado, pero bien.

Al llegar ahí y entrar en el estudio pude ver la distancia de los mejores en las clases anteriores: 1250, 1270 metros. Eso fue peor; ahora sabía que mis 1200 no serían suficientes y que simplemente lograrlos requería todo de mí. Sin embargo, me senté en esa máquina de remar. Nos dieron la salida, y remé con todas mis fuerzas por el tiempo indicado. Al finalizar estaba exhausto, con el sentimiento que mi mente me había anticipado, aunque no era tan malo como mi mente me lo había dicho. La mente es así, nos hace pensar que las cosas serán peores de lo que son.

Para mi sorpresa, al ver mis metros, me di cuenta que había remado 1365 metros en cuatro minutos. Esa fue la mayor distancia del día. Es sorprendente lo que podemos hacer cuando dejamos de ser prisioneros de lo que pensamos y empezamos a ser protagonistas de cómo actuamos. Esto me hace pensar en cuántas veces me di por vencido sin ni siquiera haber insistido, sin haberlo intentado. Ese día aprendí que es increíble la distancia que podemos alcanzar cuando vencemos el miedo a fracasar.

Debemos aprender a vivir dispuestos a enfrentar lo que venga por delante. Muchas personas están en busca de la seguridad, pero la vida misma no es segura. No podemos controlar lo que el día trae, solo podemos controlar cómo lo vamos a enfrentar.

Me inspiran aquellas personas que luchan por tener historias grandes, porque saben que lo grande de su historia está en lo grande de sus luchas. Pero todo aquello que vale la pena alcanzar se encuentra al otro del dolor.

La grandeza de una persona se puede medir por el tamaño de las batallas que decide afrontar.

En diciembre de 2018 viajé a China por primera vez para visitar a mi amigo Francisco, quien tomó la decisión de mudarse ahí con su esposa y su hijo. Mientras escribo estas líneas, su segundo hijo ya nació. Ellos tenían toda la seguridad que necesitaban mientras vivían en su ciudad, pero Francisco sabía que su mayor aventura, que la historia de su vida, se encontraba en otro lugar; había algo dentro de él que le llamaba a una vida más grande. Por eso dejó lo que tenía y emprendió la aventura hacia encontrar su historia.

Mientras lo visitaba en la hermosa ciudad de Shanghai, me sorprendí en gran manera al ver su manera de adaptarse a ese lugar. En el corto tiempo que estaba ahí, creo que cerca de 8 meses, ya se podía comunicar, aunque no siempre con el idioma, pero sabía cómo llegar a cualquier lugar. Quizá él, sin saberlo, está escribiendo la historia de su vida; mientras él persigue sus sueños, está inspirando a otros a seguir los de ellos.

Siempre se puede saber el valor de una persona por el tamaño de las batallas que está dispuesto a luchar; de la misma manera se puede saber la determinación de una persona por escribir su historia, por los desafíos que decide afrontar.

Toda persona que quiera contar su historia necesita enfrentar una gran batalla. Eso algunas veces te exigirá salir de tu ciudad natal, otras veces la batalla tendrá que ser peleada ahí. Sin importar en donde sea la lucha, toda gran historia siempre requerirá una gran batalla.

La grandeza de una persona está en su comodidad con la incertidumbre, en sus ganas de inspeccionar lo desconocido, de extenderse más allá de las fronteras de lo conocido.

Al final, si solo nos quedamos dentro de los límites de lo que conocemos, ¿cómo podríamos alcanzar entonces lo que está allá, al otro lado de lo común, esperando por nosotros?

No siempre ganaremos todas las batallas, pero con lo que aprendemos podremos ganar la guerra que nos lleva a contar nuestra historia.

¡Que el valor nos acompañe siempre! Aunque hayamos sufrido una derrota, aunque sintamos que no podamos más, ponte de pie, porque aun tienes que escribir tu historia. Solo tú controlas el lápiz que escribirá el final, tú decides cómo tu historia va a progresar, y no solo eso: tú decides cómo tu historia va a terminar.

Hay un refrán que dice: "Sin sacrificio no hay beneficio". Eso aplica para cada área de la vida.

Hace un par de meses, en un viaje que hice a Los Ángeles, me vi con unos amigos de Cuenca con quienes no me veía desde hace mucho tiempo, pero siempre hemos tenido una gran amistad. Mientras estábamos sentados en la terraza del edificio donde viven, les pregunté cómo estaban y si querían volver a nuestra ciudad natal. La respuesta de ambos fue inesperada; generalmente quien sale de Cuenca siempre sueña en volver, y ¿quién los puede culpar si es una de las ciudades más hermosas en las que he estado? No lo digo tan solo porque haya nacido allí y ame mi ciudad natal... o quizá sí.

Ambos me dijeron, decididos, que no por ahora, ya que los dos estaban haciendo lo que habían soñado. En el caso de Santiago, a quien conozco y me conoce de toda la vida, siempre fue un gran músico. Su pasión por la música me inspira.

Fuimos compañeros no solo en la escuela, sino también en la universidad, y su habilidad para tocar un instrumento es igualada únicamente con su gran inteligencia. Lo que más admiro fue su valor para dejarlo todo y perseguir su sueño.

Hoy, graduado con honores de *Berklee College of Music* en California, trabaja con grandes de la música, pero no fue su talento lo que lo llevó ahí, sino su valor, el valor de dejar todo lo conocido atrás para ir por la grandeza que se encuentra escondida en lo desconocido.

Otra de las características importantes del valor es que el valor inspira a los demás. En la vida de mi amigo Santiago, no solo él está viviendo lo que siempre soñó, sino que su valor despertó en su esposa Marisa ganas de perseguir y alcanzar sus sueños, y hoy en día ella también está haciendo lo que siempre quiso hacer.

El valor contagia, el valor invita. Cuando tienes el valor de vivir tu historia y de escribir tu vida siempre inspirarás a otros a levantarse y escribir su historia. Es como en aquellas películas en las cuales vemos que una persona se levanta y contra todo pronóstico decide luchar, aunque parece que todo está perdido corre hacia la batalla, y lo que vemos siempre es que ese valor inspira a los demás a levantarse y correr hacia la batalla que tienen delante.

La marca de un gran guerrero no es su habilidad de luchar una batalla que parece ganada, sino de levantarse y pelear una batalla que parece perdida.

Una batalla no termina hasta que alguien se rinda. Es necesario tener el valor de levantarse cada día y luchar en ese día por tu historia. Hay días en que todo parece perdido. No te rindas. Si tienes valor, aún puedes ganar.

Estoy convencido de que las mejores historias no son contadas por aquellos con el mayor talento, sino por aquellos con el mayor valor.

Nunca es demasiado tarde para ser quien siempre quisiste ser. Es cierto que el tiempo no se detiene y que el remordimiento no retrocede el reloj, pero no es el tiempo lo que te define, sino el valor con el que vives el tiempo que tienes.

El valor es el componente indispensable de toda gran innovación y de todo gran avance. Ha habido personas que fueron valientes para intentar o inventar algo que no se había hecho jamás.

Lo bueno es saber que no se requiere de ninguna habilidad especial para tener valor. El valor, más que en la mente, está en el corazón. Tú tienes más dentro de ti de lo que crees que tienes, y puedes hacer más de lo que crees que puedes. Jamás permitas que la falta de valor sea la excusa que utilizas para no contar tu historia. Las excusas solo te dan permiso para quedarte donde estás.

Lo que tú tienes dentro, tu historia, puede cambiar nuestra historia; puede cambiar la historia de tus generaciones.

Cuando un hombre o una mujer cuenta su historia, la vida se pone de pie y aplaude por haber escrito algo que la muerte no puede borrar.

ACERCA DEL AUTOR

El Dr. Xavier Cornejo se ha destacado en el mundo editorial por más de 14 años. En ese caminar ha trabajado con varios autores, ayudándoles a encontrar y contar su historia de manera exitosa. Su habilidad para extraer las mejores historias que viven en el interior de sus escritores se ve reflejada en los libros en los que ha colaborado. En su posición editorial, lo distingue su dedicación y su interés genuino por observar la línea única que caracteriza a cada escritor, para impulsarlo a crear un libro que proyecte autenticidad y sea de beneficio y vehículo de formación para quien lo lea. Esa visión introspectiva lo ha convertido en un ícono de la sabiduría editorial con el ingenio para ayudar a las personas a contar su historia en su libro y en su vida.